亲子高效沟通密码

段引娣　刘　磊　王山山◎著

中国铁道出版社有限公司

CHINA RAILWAY PUBLISHING HOUSE CO., LTD.

图书在版编目（CIP）数据

亲子高效沟通密码 / 段引娣，刘磊，王山山著 . —北京：
中国铁道出版社有限公司，2023.8(2023.9重印)
 ISBN 978-7-113-30228-3

Ⅰ.①亲… Ⅱ.①段… ②刘… ③王… Ⅲ.①亲子教育Ⅳ.① G781

中国国家版本馆 CIP 数据核字（2023）第 083076 号

书　　名：**亲子高效沟通密码**
QINZI GAOXIAO GOUTONG MIMA

作　　者：段引娣　刘　磊　王山山

责任编辑：孟智纯　　　　　　编辑部电话：（010）51873064
装帧设计：闰江文化
责任校对：安海燕

出版发行：中国铁道出版社有限公司（100054，北京市西城区右安门西街 8 号）

印　　刷：北京盛通印刷股份有限公司

版　　次：2023 年 8 月第 1 版　2023 年 9 月第 2 次印刷

开　　本：880mm×1230mm　1/32　印张：6.75　字数：140 千

书　　号：ISBN 978-7-113-30228-3

定　　价：58.00 元

　　随着一声啼哭，一个神奇的小生命来到了你的身边，还记得那一刻你的心情吗？后来孩子牙牙学语、蹒跚学步，你也在内心那片希望的田野上，种下了一颗种子，代表着对他未来无限的美好憧憬与遐想。

　　后来，你希望他能够临池学书，做一个奋进的孩子；你希望他能够积极向上，做一个阳光的少年。可是，不知道从哪一天起，你开始觉得他变成了你意料之外的样子，甚至像一匹脱缰的野马，就要失去控制。因此，你开始为他的未来担忧和焦虑。

　　每一个孩子，在成长的路上，会遇到玫瑰，也会遇到荆棘，有自己的幸福，也有成长的烦恼，在不同的年龄阶段会遇到不同的问题。而学校的老师专注于知识的传授，家长又缺乏专业的技能，导致孩子的很多成长困惑并没有得到解决，一直伴随着孩子长大，成为他难以愈合的创伤，或者阻挡他前进的"怪兽"。

机缘巧合下，我在大学里选修了心理学，因为表现得比较积极，所以有幸跟着老师给一所中学做了一场开学典礼演讲。两个小时的演讲让我很震撼，我清楚地记得，当时我是全程泪流满面听完的。我意识到，原来人不仅要学头脑的知识，还要学心灵的知识。如果在我小的时候就能听到这样的课程，肯定会比现在成长得还要好。也是从那时起，我开始走上心理学和家庭教育的道路，并且一直在路上。无数的孩子因为我的训练营发生了巨大的改变，这也是我做这件事最大的动力。

同时，我也发现了一个现象，参加过训练营的孩子，改变的程度与家长的支持力成正比。毕竟家庭是孩子最重要的环境，我们在训练营给孩子种下了一颗伟大、美好、无私的种子，支持力强的家长能够让这颗种子开花结果，而支持力弱的家长只能让这颗种子发芽而已。

其实，这也是我写这本书的原因。支持力就是在孩子遇到各种问题、需要帮助的时候，用你的高效沟通能力，为孩子指引正确的方向。方向对了不怕路远，方向错了越走越远。如果你的沟通方式错了，再对的道理孩子也听不进去，甚至还会破坏亲子关系。爱对了是爱，爱错了是伤害，光有意愿是不够的，高效沟通的能力才是直接帮助孩子的最有效的工具，而这需要通过刻意练习来获得。

我是一名实战派老师，带过很多孩子，各种类型的都有，各种问题也都见过，这本书里的内容，正是我从业以来经验积累的精华部分，可操作性非常强。同时，这本书涵盖了孩子成长过程中可能会遇到的绝大部分问题，包括习惯方面、学习力方面、情绪管理方面、人际关系方面、亲子关系方面等，可以说是一部全面实用的育儿工具书。

　　唯愿这本书，能够帮助更多的家庭解决亲子沟通中的难题，搭起父母和孩子之间高效沟通的桥梁，帮助孩子正确面对成长中的困惑，让孩子可以在人生的赛道上，创造属于自己的辉煌。而我将不忘初心，用爱前行，一直和大家在一起！

段引娣

2022 年 5 月 20 日

目录

第 1 章 沟通基础

亲子交流畅通无阻的要素

1.1 孩子不听话，是因为你的沟通方法出错了

☀ 情景重现

妈妈絮絮叨叨地对八岁女儿说："给你讲多少次了，要好好学习，怎么还是天天就知道玩儿呢？我都是为了你好，你怎么就是听不进去呢？"

女儿一脸不耐烦地说："好啦好啦，知道啦！"

妈妈看到女儿敷衍的态度，怒火中烧，愤怒地说："就你这样，以后考不上大学，未来能有什么出息！"

女儿也不甘示弱："人家李嘉诚也没上大学，不也成香港首富啦，啥也不知道，懒得理你！"

其实，不只是这位妈妈，相信还有太多的家长有这样的困扰。在我这些年做家庭教育讲座的过程中，被家长问得最多的一个问题，就是"为什么我的孩子不听话"。

1.1.1 执着于让孩子听话，背后究竟藏着什么秘密

想要听话的孩子，是因为内心不够强大。

对于家长来说，孩子听不听话是一个非常重要的指标，好像在我们的意识里面，都喜欢那些听话的、懂事的、乖乖的孩子。

请大家思考一下，为什么我们都喜欢听话的孩子呢？除了让孩子少走弯路以外，还有没有其他的心理呢？

事实上，一个听话的孩子，意味着家长可以更轻松。而一个不听话的孩子，一方面是家长会更辛苦；另一方面很容易唤起家长自己内在的缺失、恐惧。当孩子因为不听话走了弯路之后，我们不相信自己有能力指引好孩子。

所以，也可以说一个总是要求孩子听话的父母，内心是不够自信的，本身就需要成长和提升。

1.1.2 踩了这五大"坑"，孩子想听话都难

1. 你说的都不对，孩子怎么听

作为家长，我们真的需要停下来，好好问自己，我跟孩子说的话都是对的吗？是符合时代发展需要的吗？答案是：不一定！我们自己都不能保证自己说的话都是对的，又怎么能要求孩子一定要听我们的话呢？

比如说，听到不少的家长对孩子说："你一定要好好学习，将来考上一个好大学，如果不能考上一个好大学，这辈子都不会有出息了。"

一般听到这些话的孩子，都会立马反驳你："你看那谁谁谁，没有上大学不照样过得很好吗？"

很多时候，孩子之所以不听我们的话，其实真的是因为我们

说的不一定对。我们说的那些话带有太多的绝对性，只要是绝对性的话语就能找到漏洞去反驳。

2. 让孩子听话，先问问自己讲清楚了吗

怎么叫没有把事情讲清楚呢？就是没有给孩子一个明确的概念，或者是标准。

举一个生活中常见的例子，比如孩子做完作业想要玩手机，妈妈说："行，你可以玩一会儿。"这里非常重要的一点就是，在你的心里，"一会儿"到底是多久呢？

我曾经在课上问过很多家长对于"一会儿"的概念，有的说是 5 分钟，有的说是 10 分钟，也有说 20 分钟、30 分钟的。所以，我们每一个人对"一会儿"的概念和理解都是不一样的。

"一会儿"本身就是一个模糊概念，而模糊概念容易引起冲突和分歧。在孩子的眼里，可能"一会儿"是一个小时，但是在妈妈的眼里，"一会儿"是 30 分钟。

当 30 分钟到了之后，这个妈妈是不是就会生气？明明说玩一会儿，结果你还一直在玩儿。孩子心里也会觉得挺委屈，我明明才玩了一会儿，你就要说我。

如果我们压根就没有讲明白、讲清楚，孩子自然而然就不知道要怎么听、怎么做了！

3. 你那副高高在上的姿态，我受不了

著名的诗人纪伯伦有一首诗叫作《你的孩子》，在这首诗里面有几句让我觉得特别感动。

"你的孩子，其实不是你的孩子，他们是生命对于自身渴望而诞生的孩子。他们通过你来到这世界，却非因你而来，他们在你身边，却并不属于你。"

但我们很多家长觉得孩子是我生的，他就是我的，他就应该听我的话。所以你会发现，我们做了很多我们认为好的事情，但对方不一定领情！

有些家长把自己放在一个高高在上的位置，不注意自己说话时的语音、语调和肢体语言，没有把孩子当成一个独立的个体来尊重，从而说出一些不好听的话来。

比如，同样是让孩子写作业，一个家长温柔地说："来，孩子，咱们喝点水就去写作业吧。"另一个家长用食指指着孩子大声说："都什么时候了，还不赶紧写作业去！"大家觉得孩子比较能接受哪种方式呢？

肯定是第一种，对不对？第二种说话方式，会让孩子感觉受到了攻击，很容易启动他的防御机制来和你对抗。所以，我们为孩子好，还要学会好好说话。

4. 换个角度，看看能发现什么

很多时候，我们都习惯了从自己的角度去说话，很少顾及他人的感受和想法，以及从他们的视角里看到的究竟是什么。

在一个元宵节的晚上，有一个爸爸牵着两岁多的儿子看花灯，爸爸觉得花灯真是太美了，可孩子却说："我不想玩了，我要回家！"听到这句话，爸爸很诧异，本来他想训斥孩子的不懂事，结果当他蹲下来时才发现，原来从孩子的视野里，看到的全是黑压压的腿，根本就看不到花灯。

所以，我们讲话的时候，还要学会把自己放在孩子的角度，学着换位思考。出现问题的时候想一想，孩子为什么会这样。找一找问题背后的原因，这样我们的亲子沟通质量才会更高，孩子才会愿意听我们的话。

5. 没有权威的父母，难以赢得孩子的信服和尊崇

生活中我见到有的父母，自己说话就不算数，经常出尔反尔，情绪化严重，说一套做一套，在孩子心中根本没有权威，这样的父母很难赢得孩子的信服和尊崇。所以，这种情况下，孩子不听话，太正常了。

比如，你跟孩子说不能玩手机，自己却玩得不亦乐乎，这个时候你让孩子去好好学习，孩子会心甘情愿地听话吗？不会吧！因为你玩得那么开心，不就是在告诉孩子玩手机比学习有趣吗？

还有些时候，我们明明答应了孩子的事情，结果却并没有去做，还找各种理由和借口推脱责任。自然而然，当你想叫孩子去做什么事情的时候，他不听的可能性是不是就会更大呢？

1.1.3 孩子不听话，4S 模型教你轻松应对

1.学习（Study）：保持学习力，接纳和允许孩子不听话

孩子的成长就像一棵树，当把树种在一座房子里，树长到房顶的时候，房顶就会嫌树顶撞它，嫌树叛逆不听话。当把树种在蓝天白云下的土地里呢？那它就会有广阔的可以充分自由生长的空间，也就不会有什么叛逆。

所以，孩子的成长是一个必然的过程，当你觉得孩子叛逆不听话的时候，恭喜你，你的孩子正在努力成长为一个具有独立意识的个体，他要成为他自己，而不是谁的附属品。

同时，你也要意识到，当你觉得孩子不听话时，就是我们这座房子需要学习扩展自己了。通过学习才能让自己不断成长，才能给孩子一些耳目一新的观点支持他，才能给孩子一个更大的成长空间，才不会因为出现问题而焦虑，才能真正发现原来方法真的总比困难多。

所以，请大家一定要保持持续不断的学习力。

2.分享（Share）：用分享的态度，去引领孩子

当我们和孩子说话的时候，要尊重孩子作为独立生命个体的存在。凡事持分享的态度，而不是教导。那我们说的话，孩子可能就更愿意听一些。

可以经常问问孩子，你对这件事情是怎么看待的呀？你有什么样的想法呢？即使你和他的意见不一致，也不要说他不应该，说他错了，而是告诉他："原来你是这样看待这件事情的，你这

样想确实也挺有道理，不过妈妈对这件事情是这样看的……"然后，再把我们想要说的表达出来。

你尊重孩子的时候，他也会更尊重你！

3. 弹性（Spring）：做人留一线，千万别那么绝对

俗话说，做人留一线，日后好相见。说话也是这样，不要把话说满了，要有更多弹性的空间。

所以，少用一些绝对性的话语，绝对性的话语里面就有漏洞，总能找到一些个例。

有家长很好奇地问我："为什么我们说话孩子不愿意听，你说话孩子就愿意听呢？"那是因为我在和孩子说话的时候，很少说绝对性的话语，而是说"你这样做，出现什么样的结果可能性更大"，孩子就不会去吹毛求疵。

4. 状态（State）：用你的生命状态去影响孩子，而不仅仅是语言

有太多的孩子告诉我："虽然我妈跟我说的挺好，但实际上根本做不到，她都做不到，还老是要求我，我心里就特别不服气。"

从这句话我们就会发现，想让孩子听你的话，不是去给他讲一个什么样的道理，道理只是很小的一个方面，更重要的是你究竟活出了什么样的生命状态，而这就藏在你平时的一言一行、一举一动中，这些都是你对孩子最好的教育。

所以，我们不仅要强调自己说了什么，更要聚焦于自己做了什么。你究竟活出了什么样的品质，你是一个什么样的爸爸妈妈，

这决定了你的孩子是否愿意听你的话。

当面对孩子不听话的时候，静下心来，问问自己，还有没有更好的沟通交流方式。孩子是在用不听话的方式来探索自己，也是在用这种方式唤醒我们的成长意识。

沟通锦囊

在遇到孩子不听话的情况时，**高效沟通 = 探索自我 + 避免五"坑" +4S 模型。** 首先，探索自己是否本身就有恐惧和缺失，如果有就先疗愈自我。其次，对照文中五个错误的情况，检查自己日常生活中的行为，如果有就要纠偏。最后，运用四招保持高效的亲子沟通。

1.2 非暴力沟通，搭建亲子有效沟通的桥梁

☀ 情景重现

周末的傍晚，一个初二的女孩正在和妈妈共进晚餐，女孩本来吃得还挺开心，结果妈妈突然开口道："我昨天去你舅舅家了，你表姐这次考试又是第一名，还有好几科满分，这孩子太厉害了。"

此时，女孩脸上闪过了一丝不易察觉的愤怒，却也附和道："嗯，是挺厉害。"

可谁知妈妈这边还没完，继续说道："你什么时候也能像你表姐一样呢？你要多向她学习啊！"

女孩的愤怒再也压抑不住，大声说："你那么喜欢她，去认她当女儿吧！"说完便摔门而去。

1.2.1 亲子沟通的桥梁是怎么断的

你有没有发现这样一个现象，同样是一句话，有的人说出来让人如沐春风，而有的人说出来却让人如入寒冬。

语言是有能量的，积极正向的语言会激发孩子不断前行，而

消极负面的语言，会给孩子带来深深的伤害，严重破坏亲子关系，甚至会形成难以磨灭的痛。

2019 年 4 月 17 日晚间 10 点左右，上海卢浦大桥上，一辆白色轿车突然停在车流之中，一个男孩突然跑下车后迅速跳桥，紧跟着的母亲因没能抓住他坐地痛哭。120 到场后确认，该男孩已无生命体征。

男孩的母亲称，因为儿子在学校和同学发生了矛盾，于是她当时就在车里对儿子进行了批评，但是她怎么也想不到，儿子居然直接打开车门冲出去跳桥。

提到"暴力"这个词，很多人的第一反应就是电视里面打斗的场景，也许从未想过一生遵纪守法的自己会跟暴力扯上关系。但事实是，伤人的话堪比刀剑，无论是有心还是无意，沟通模式上的暴力正在给孩子带来情感和精神上深深的创伤。

"养你有什么用""我怎么就生了你这么个玩意儿""以后根本指望不上你""你看人家谁谁谁，再看看你"……相信这些话大家一定不会陌生，甚至可以说用得很熟练，说这些话的目的也许是达成某种愿望，却忽视了孩子的感受和需要。

美国爱荷华大学的一项研究调查显示：父母每天对孩子说的话语中，只有不到 20% 的表述是积极和充满鼓励的，大多数都为负面评论。

所以，我们一定要跳出自己的思维定势，然后站到更高的维度，去审视自己的沟通模式，搞清楚到底哪些模式是暴力的，然后才能有意识地去避免，转而用更有效的方式，搭建起亲子高效沟通的桥梁。

12.2 暴力沟通的四板斧

第一板斧：道德评判

道德评判就是以家长自己的道德标准和价值观念来定义孩子的行为，把不符合自己标准的行为当作错误的、不可理喻的。

比如，孩子放学回来想先玩一会儿再去写作业，就会被认为"磨蹭、不积极主动"；姐姐不愿意给弟弟分享自己的零食，就会被认为"自私、小气、不懂事"；孩子做事慢，就会被认为是"笨小孩"。这都属于道德评判，没有描述事实，而是先给孩子下定义贴标签。

这些话里隐藏着我们的价值观。的确，孩子的某些行为需要去引导，但如果以这样的方式提出来，孩子不仅不会欣然接受，还会产生敌意。即便基于父母的权威，孩子可能会做出让步，但也不会心甘情愿，迟早有一天会带来更大的问题。

第二板斧：进行比较

丹·格林伯格在《让自己过上悲惨生活》一书中写道："如果真的想过上悲惨生活，就去与他人作比较。"

有一个心理学小实验，邀请了一批人作为实验对象，他们被要求拿自己的音乐才能和莫扎特作比较，把自己的财富和比尔·盖茨作比较，把自己的智商和爱因斯坦作比较，还有很多其他的项目，每一项反复比较5~10次。最后统计发现，所有实验对象都感觉自己处处"低人一等"，陷入了自卑和沮丧之中。

我们小时候都或多或少会被父母拿去和别人比较，而且往往是用别人的长处来比自己的短板。"你看看人家小红多么懂事听话,你怎么不像她一样?""你舅舅家的弟弟这次又考了全班第一,你要向他学习啊!"

所以,网络上曾经有一个问题:"这辈子你最讨厌谁?"结果点赞数最高的那个答案就是"别人家的孩子"。这个"别人家的孩子"其实不是某一个人,而是除了自己之外的一个偌大的群体。

这种比较也会蒙蔽父母对于孩子的爱,会给孩子带来很大的心理伤害,甚至会引起孩子的逆反心理,因为那个真实的孩子没有被接纳。

第三板斧:回避责任

我们每一个人都应该为自己的思想、情感、行为负责,可是很多人却习惯于过滤责任,将责任转嫁到他人身上。

比如,我们经常会听到这样的话,"这孩子太让我伤心了""每天工作这么忙,回来还不得不做饭""这事不怪我,都是我同学非要跟我说话的""这次考不好,都是老师出题太难了""我同学都玩游戏,我玩游戏怎么了",等等。

我们总觉得很多事情自己是被迫的,是一个受害者,但心理学家弗兰克尔曾经说过一句话:"人所拥有的任何东西都可以被剥夺,唯独人性的自由,也就是在任何情况下都能坚持自己的态度和生活方式的自由,不能被剥夺。"

所以,人生没有被迫,只有选择,都是两害相权取其轻、两利相权取其重之后作出的选择。选择了就要为此负责任。回避责任,一方面会让我们忽视问题的根源,另一方面也会造成被转嫁责任之人内心的不满。

第四板斧：强人所难

强人所难，就是家长喜欢把自己的意愿强加给孩子，让孩子做一些不愿意或者力所不能及的事情。通常说的话或做的事里隐藏着威胁，一旦孩子的言行不符合我们的意愿，就会受到惩罚。同时，认为作为父母的责任就是根据自己的经验，尽自己最大的努力让孩子少走弯路。

比如，孩子明明没有艺术天分，却非要让孩子学钢琴、练舞蹈，只因为朋友们的孩子都在学；孩子的成绩明明在中下游，却要求孩子期末考试考到全班前 10 名，否则就取消暑假旅游在家补课；周末不让孩子出去玩，而是在家帮忙带弟弟。

这种情况是把自己摆在了高高在上的位置，视孩子为弱者，认为自己的职责就是管教孩子，下意识地想控制孩子。这会让被剥夺了权利的孩子觉得特别受伤，会感到压力很大，即使现在被迫屈服，但随着他的成长，总有一天会反抗、会爆发。

1.2.3 亲子非暴力沟通的黄金四步法

亲子沟通里面，很多家长把暴力沟通的四板大斧挥舞得非常熟练，而孩子却被伤得遍体鳞伤。我相信，所有家长爱的动机都是纯粹的，而孩子的很多思想和行为也确实需要引导，只是我们可以寻找一种更有效的方式，通过这种方式让亲子之间情意相通、和谐相处。

就像苏菲派诗人鲁米写的一句话："在道德与不道德的区分

之外，有片田野，我将在那里见你。"接下来为大家介绍的非暴力沟通黄金四步法，就会把大家带到这样一个美好的状态里。

我们首先设定一个情境——孩子回家没有写作业。基于这个情境进行解析。

我们通常会说："回到家从来都不知道主动写作业，一点儿都不积极，我怎么有你这样的孩子！一点儿都不让人省心！看你写不完作业，老师怎么收拾你，赶紧写作业去！"

第一步：不带评判地描述和观察

我们在说话的时候，一定要区分什么是评论，什么是观察。评论就是以自己的主观判断为主，而观察指的是在那个当下我们看到的事实。

比如说，孩子回家后没有写作业，如果是基于评论，我们可能会这样说："回到家从来不知道要主动写作业，一点儿都不积极。"而基于观察，我们就会这样说："从你回家到现在的两个小时里，我看到你没有去写作业。"

评论性的话因为带着自己的主观判断，容易激起对抗。

关于观察和评论，鲁思·贝本梅尔在他的经典诗歌《懒惰与愚蠢》中写道："我从未见过愚蠢的孩子；我见过有个孩子有时候做的事，我不理解，或不按我的吩咐做事情；但他不是愚蠢的孩子。请在你说他愚蠢之前，想一想，他是个愚蠢的孩子，还是他懂的事情与你不一样。"

第二步：真实地表达感受

在生活中，我们经常会遇到沟通不顺畅的情况，其中很重要的一个原因就是，我们不会表达自己内心真实的感受。

这和我们的成长环境是有关系的，因为在我们接受的教育中，父母很少问我们的感受是什么，所以在成长的过程中，感受是被忽视和压抑的。

继续拿孩子回家没有写作业的情境来说，"你一点儿都不让我省心"，这就不是感受，而是家长的判断和想法。那什么是感受呢？"看到你没有写作业，我感觉特别焦虑"，我感受到焦虑、担心、愤怒等，这才是感受。

第三步：了解未被满足的需要

在所有的感受背后，都是每一个人内在的需要。我们需要了解自己的需要，真实地去表达，还要了解对方可能有什么样的需要，能够更好地达成一致。

比如，我们想让孩子早点写完作业，背后的需要是早写完早睡觉，如果睡觉太晚，会影响白天的上课效率。

而在这个过程中，我们也可以去思考对方的需要。比如说，孩子为什么今天不想写，是不是有可能今天在学校被老师批评了，因为心情不好不愿意写作业；或者是上了一天学，回来想先好好地放松一下，但又没有时间观念，一不小心就玩得时间久了。

所以，我们可以适当地询问孩子，他心里的需要是什么，通过调查彼此的需要，从而更好地了解彼此。

第四步：给出明确具体的请求

我们鼓励明确地说出希望对方怎么做，而不是让对方去猜。

当然，在我们说出请求的时候，需要注意两点，一是请求要具体，二是请求而不是要求。给对方可以选择的空间，而不是让对方觉得自己是被迫的。

比如说，孩子告诉你，他想要玩一会儿游戏，"一会儿"是多久，这是一个模糊概念，而模糊概念会引发分歧和冲突，所以我们需要问孩子，这个"一会儿"究竟是多少分钟。

关于请求而不是命令，像案例中，让孩子去学习的妈妈，"现在就去写作业"就属于命令，而请求是"我希望你现在可以去写作业"。命令总是能够激起别人的反抗，因为每个人都想做自己。

以上就是非暴力沟通的黄金四步法，当我们真正地掌握了这一套沟通方法，就可以搭建起亲子沟通的桥梁。

🔔 沟通锦囊

当亲子之间沟通出现障碍，甚至引发亲子冲突和矛盾时，高效沟通 = 扔掉四板斧 + 练习黄金四步法。首先，要认识到自己沟通方式中隐蔽的暴力，了解暴力沟通的四种类型，有意识地去调整。然后，练习并掌握非暴力沟通的黄金四步法，让爱重新融入生活，搭建起亲子有效沟通的桥梁。

1.3 有效沟通，帮你解决孩子 90% 的成长问题

☀ 情景重现

"我现在也不打你了，不骂你了，遇到事情都是想着和你沟通沟通，这还不够吗？你还想让我怎么样？"客厅里传来一位年轻妈妈的嘶吼。

另一边，儿子轻蔑地回应道："还好意思说沟通，哪次不是开始的时候好好的，聊着聊着就开始批斗我。还有，你问过我的感受吗？问过我的想法吗？你就是想用这种手段控制我、改变我罢了！"

两个人你一句我一句，争吵声充斥着整个房间，一场"内战"即将爆发。

1.3.1 揭开有效沟通的神秘面纱

虽然很多家庭的亲子关系存在一些问题，但值得庆幸的是，越来越多的人已经意识到了沟通的重要性并开始尝试，正如列夫·托尔斯泰所说："与人交流一次，往往比多年苦思冥想更能

启发心智。"亲子之间也是如此，与其互相去猜、胡思乱想从而心生怨怼，不如直接面对面交流，用沟通的力量解决问题。

很多人虽然开始了沟通的尝试，却好像与自己期待的画面大相径庭。"对不起呀，我的小宝贝，妈妈不该那么凶，别生气了"，此时孩子还在情绪调节中，"我都跟你道过歉了，你还想干什么"，结果孩子的情绪再次被激起，矛盾升级，最后孩子选择了关上心门，拒绝沟通。滥用强迫手段只会招致沉默，这就是心理学上的"缄默效应"。

所以，我们会发现，家长们尝试了沟通，但还缺乏一个关键——有效。史蒂芬·柯维在《高效能家庭的七个习惯》中写道："我们习惯于对家人大喊大叫，指责而不去理解，命令而不去沟通……我们都忽视了最关键的一点：有效沟通。"所有的沟通，如果少了"有效"二字，就没有了灵魂。

有多少家长，虽然和孩子共处一室，却无话可谈，正是家长无效的沟通方式，让孩子不得不关上了心门，而心门一旦关上了，你根本不会有机会了解他在想什么，这是最可怕的。从来没有不想好好说话的孩子，只有不会沟通的家长，有效沟通是每一位家长的必修课。

到底什么是有效沟通呢？为了让大家更好地理解，在这里给出一个具体的定义：有效沟通是一方用有效的方式表达，另一方做出回应，而这个回应正好是你想要的。为了更容易地实现有效沟通，我给大家总结了三大原则和五大心法，如果用心体会和实践，就一定可以实现期待已久的有效沟通。

3.2 有效沟通的三大穿墙原则

1. 明确沟通目标

我们一定要明确，沟通的目标是让关系更好而非更糟，是让问题解决而非升级。如果对这个目标了然于心，就会找到沟通的方向，否则就会在沟通的过程中迷失。

可是，很多家长所谓的沟通，只是自己个人的情绪宣泄，把自己一肚子的期待、不满、抱怨、愤怒等抛给对方，完全是把孩子当成了自己的情绪垃圾桶，而不是一个独立的个体、一个沟通的对象。

中国现代思想家、文学家、哲学家胡适，他的母亲从来不会当着众人的面训斥他，而是会等到晚上一个人的时候，私下里教育他。他的母亲认为：教训儿子不是借此出气让别人听的。

很多家长宣泄完情绪，自己是舒服了，孩子却受到了伤害。有的孩子会选择沉默，有的孩子会选择反抗，都注定了这一场沟通的失败。所以，在沟通前和沟通中要始终明确目标，有了目标作为定海神针，一切就不会乱。

2. 学会换位思考

子贡问曰："有一言而可以终身行之者乎？"子曰："其恕乎！己所不欲，勿施于人。"意思是，子贡问老师："有没有一句话，可以作为终身坚守的原则呢？"孔子回答说："那就是恕道吧！己所不欲，勿施于人。"

在沟通中，能够做到换位思考，就成功了一大半，在心理学上也叫作"先跟后带"。就是自己首先要通过简单复述、感性认同等方式真正接受对方，然后再带对方看到并找出更多选择和可能性。

在我们的训练营中，经常会给孩子们讲手心和手背的故事。我站在讲台上，孩子们和我面对面在台下坐着，我会伸出一只手问孩子们："你们看到的是什么？"大部分孩子会异口同声地回答："手背。"这时候我会故意地加重语气说："你们看错了吧，这明明是手心啊！"孩子们一脸愕然，过了一会儿有孩子反应过来。"老师，是角度的问题。"然后，我表达了对他的嘉许。

我又问："你们谁能说服我，让我看到手背呢？"有的孩子说："你伸过头来就能看见手背了。"有的孩子说："你把手转一下就能看见手背了。"可是我没有照做，而是问道："我凭什么要听你们的呢？"孩子们再度陷入了沉思。

最后，我告诉孩子们一个方法："你们先主动伸过头来看一看。哇，老师，原来你这边看到的是手心啊，我们那边看到的是手背呢，你要不要过来看一看。"这时，我就更容易接受引导。反过来引导孩子，亦是如此。学会先跟后带、换位思考，对于沟通有着至关重要的作用。

3. 确保氛围安全

安全的对话氛围，是决定沟通能否持续下去的重要因素。当孩子感受到沟通中的不友好、不平等、不安全的信号时，就会产生心理和行为上的逃避或反抗，最终导致沟通失败。

"来，过来，我跟你聊聊"，太多的人都是用自己父母的权威"捂住"了孩子的嘴巴；还有人会有意无意地贬低甚至侮辱孩子；也有的人会给孩子贴各种各样的负面标签；甚至有人聊着聊着压制不住怒火竟朝孩子动手……最终这些沟通都变成了单向的批评。

有一句话说得特别好："我可以不认同你，但我坚决捍卫你说话的权利。"一定要营造安全的沟通氛围，让孩子有表达的权利，而且是完整表达的权利。只有信息的双向传递，才可以实现有效沟通。

1.3 五大心法，帮你打破沟通壁垒

1. 声音和肢体语言决定沟通效果，而不仅仅限于文字

心理学教授艾伯特·麦拉宾，通过 10 年的一系列研究，得出了"麦拉宾法则"，也叫"73855 定律"：人们对一个人的印象，只有 7% 来自于你说的内容，38% 来自于你说话的语调，而 55% 来自于外表与肢体语言。

很多家长都认为只要是为孩子好，孩子就应该听话照做，一旦孩子不听，就会被冠以"叛逆"的罪名。这些家长只关注所讲内容的正确性，执着于自己的道理，他们并不知道自己在舍大取小，相比于只占 7% 的内容，38% 的语音语调和 55% 的肢体语言完全被他们忽略掉了。

心理学家做过一个实验：他们找来 10 名孩子，然后把妈妈们的大吼大叫，以超过 85 分贝的音量播放给孩子听，听完后把妈妈们训诫的内容写在提前准备好的白纸上，结果正确率只有 13.3%。所以，沟通中一定要注意语音。

另外，语调也很重要，相同的内容用不同的语调，传达出来的信息完全不同。比如，你用阴阳怪气的语调说"你真棒"，对方根本听不出棒的感觉。如果能够配上肢体语言，那就真的太好了。比如，当你说"你真棒"的时候，同时竖起一个大拇指或者来一个拥抱等，效果就会完全不一样。

2. 沟通效果取决于对方的回应

心理学上还有一个"南风效应"，讲的是北风和南风比威力，看谁能把行人身上的大衣脱掉。北风首先来一个冷风凛冽、寒冷刺骨，结果行人为了抵御北风的侵袭，便把大衣裹得紧紧的。南风则徐徐吹动，顿时风和日丽，行人因为觉得很暖和，所以开始解开纽扣，继而脱掉大衣。

在沟通中，不要执着于你的道理有多正确，最终沟通有没有效还是要看对方的回应。"北风"式的沟通方法虽然显得自己很厉害，但只会让孩子更抗拒。作为家长要把"有效果比有道理更重要"的信念根植于心，这是实现有效沟通的关键。

虽然沟通的效果取决于对方的回应，但可以通过讲话者调整方法对沟通效果进行灵活控制。比如，已经看到了"北风"式沟通的无效，那就要积极地寻找"南风"式的沟通方法，根据对方的回应，及时做出灵活的调整，使沟通向良好的方向发展。

能够做到灵活调整有一个前提，那就是倾听。歌德说过："对别人诉说自己，这是一种天性；因此认真对待别人向你诉说他自己的事，这是一种教养。"在沟通中，家长们往往习惯于向孩子倾倒自己想表达的信息，而孩子说了什么根本没用心倾听和体会。

只有做到用心倾听，才能了解孩子的感受和需要，为调整自己的沟通方法做好准备。

3. 每说一句话之前，先想想是增力还是减力

智者思而后言，愚者言而后思。越是尊贵的人，越谨言慎行，而不是口无遮拦，每一句话都有它的意义和能量。对于孩子来说，家长的话语充满了魔力，可以让他立刻满血复活，也可以让他瞬间跌落深渊。所以，家长在开口之前，一定要思考，这句话是给孩子增加力量的，还是减少力量的。

在父母课里面，我会带大家做一个小练习，便于对语言的魔力有更深刻的体验。我会邀请一位伙伴，来到讲台中间坐在准备好的椅子上，她的角色是因小病住院的一个病人，然后我再邀请四位伙伴，以她的亲朋好友的身份依次来到讲台处看望她，并说出后面四句话："看到你这样我真难过""会不会更严重啊""你真可怜""你的事我们会替你做的"。之后，我问椅子上这位伙伴什么感受，她说感觉自己是不是有什么大病快要完蛋了，四位亲朋好友的话让她更加焦虑了。

接着，我继续让这四位伙伴重新去看望她，并说出后面四句话："相信你很快会好起来""有什么我们可以为你做的""一定有办法帮自己尽快康复""快回来，我们需要你"。听完后，椅子上的伙伴表示，自己心情特别好，而且非常有力量。

4. 任何情况至少有三种应对方式

在和孩子沟通时，很多人之所以容易陷入僵局，是因为"凡

事只有一种解决方式"的固定思维，而且这一种方式就是自己提供的方式，孩子不听，家长就会失控。这种思维很容易导致"没办法""不可能""不得不"的困境。

所以，一定要破除这种固定思维，在沟通中，和孩子一起寻找至少三种解决方法。有了更多选择和可能，就不会因为一种方案行不通而绝望，一起寻找和创造的过程，也会增进亲子之间的关系和信任。

同时，这也是教会孩子和自己，在遇到问题时，不要跳进一个深井里独自悲伤，而是跳出井外去发现更多选择和可能性。拥有了这种成长型思维模式，对孩子的一生都有积极的影响。

5. 先处理情绪，再沟通事情

相信很多人都有这种体验，就是情绪强烈的时候，头脑一片空白，这时候特别冲动，什么事情都敢做，什么难听的话都敢说，事后却后悔不已。所以，沟通问题最需要或者说首先要解决的是情绪问题。情绪分为两方面，一个是自己的情绪，一个是孩子的情绪。

心理学上有一个著名的"踢猫效应"——一位父亲在公司受到了老板的批评，回到家就把沙发上跳来跳去的孩子臭骂了一顿。孩子心里窝火，狠狠地去踹身边打滚的猫。猫逃到街上，正好一辆卡车开过来，司机赶紧避让，却把路边的孩子撞伤了。情绪会传染，当家长自己在不良情绪里的时候，最好先不要沟通，否则自己的不良情绪会对沟通产生负面影响。

当孩子有强烈不良情绪的时候，在沟通前也要先帮孩子处理情绪。比如，孩子和其他小朋友打架了，无论谁对谁错，每一个孩子的动机和情绪总不会错，每一个孩子的感受总不会错。所以，要首先理解孩子的感受，等情绪平稳下来，再引导孩子看到处理问题的更多有效选择。

罗宾·威廉斯说："世界上最可怕的，不是孤独终老，而是跟那个使自己感到孤独的人终老。"真的不希望看到，因为沟通问题，导致同在一个屋檐下的家长和孩子，天天冷漠相对。家长们一定要学会有效沟通，增进亲子关系，助力孩子成长！

沟通锦囊

当家长试图尝试通过沟通解决问题，却总是达不到效果时，高效沟通 = 三大穿墙原则 + 五大破垒心法，要了解有效沟通的真正含义，沟通中时刻谨记三大原则，然后将五大心法融会贯通，从而真正解决孩子的成长问题。

第2章 良好习惯

塑造孩子品格的沟通秘籍

2.1 孩子上课分心走神，怎样说提升孩子的专注力

☀ 情景重现

清晨的教室里，老师正激情澎湃地讲解着这节课的课文，坐在窗边的小男孩却不由自主地托起了下巴，斜着头望向窗外大树上的一只小鸟，心里想着："我要是能像这只小鸟一样会飞就好了，那样我就可以飞去大山、峡谷、海边……"

"这位同学，请回答一下我刚才的问题！"老师看小男孩走神，故意提问道。被打断了遐想的小男孩因为走神，连问题是什么都没听到，只能尴尬地站在那里，脚趾恨不得在地上抠出一座五指山。

"先坐下吧，一会不要再走神了，好好听课！"老师厉声说道。小男孩应声坐下，听老师继续讲课。可没过一会，又开始鼓捣起了手里的橡皮……

最后，老师负责任地向孩子妈妈反映了情况，这让孩子妈妈陷入了深深的焦虑。

我很理解这位妈妈的焦虑，孩子分心走神，确实是让人很头痛的问题，因为长期的分心走神将意味着学习效率不高，甚至会影响未来的工作和生活。曾经有人问过巴菲特一个问题："人一

生中最重要的是什么？"巴菲特说："我的答案是专注，而且比尔·盖茨的答案和我一样。"这足以看出专注力的重要性。

2.1.1 你想要的专注力到底是什么

专注力也被称为注意力，指的是一个人专注于做某一件事或从事某项活动时的心理状态。专注力可以分为两种类型，分别是主动注意和被动注意。

被动注意又叫无意注意，是人对外界产生的简单的、原始的条件反射。被动注意不需要调动知识、技能，没有思维过程。比如，看电视、刷视频、打游戏，或者是做程序性的重复活动，这些都是被动注意。它不能引发主动思考和学习，是一种被动接受的状态，所以它持续时间的长短会随着外界刺激的大小而变化。

主动注意也叫有意注意，需要大脑的陪伴、主动的思考和思维过程参与其中。比如，主动地学习、读书、实验、弹琴……

主动注意和被动注意的差别，就在于大脑是处于主动思考还是处于被动思考状态。

研究表明，专注力是随着孩子年龄的增长以及大脑前额叶的发育成熟而逐渐发展的。幼儿园时期的孩子，专注时长是5~10分钟，5~10岁孩子是20分钟，10~12岁孩子是25分钟，12岁以上的孩子是30分钟。

不同年龄阶段的孩子，能够持续专注的时间是不同的，但越来越多的孩子根本达不到平均的专注时间。究竟是什么影响了孩子的专注程度？是什么让孩子难以专注？孩子分心、走神的背后究竟有什么样的原因呢?

2.1.2 破坏专注力的三大杀手

1. 爱新鲜刺激的大脑

从生理和进化的角度来讲,孩子在学习过程中分心、走神、注意力不集中,其实是很正常的情况,因为这是我们大脑的本能在起作用,大脑本就容易被新奇刺激的事物所吸引。

无论何时,大脑本身需要随时保持警惕、转换注意,才能对周围的风吹草动迅速地作出风险判断,进而作出决策保障自身安全。

高效能专家贝利根据调查得出结论:47%的时间,大脑都在走神,而且是发育成熟的大脑。

因此,不只是孩子,即便是大人,也做不到完全集中注意力。

2. 过度使用的电子产品

随着互联网的普及和发展,各种炫酷的游戏、有趣的视频层出不穷,其诱惑性对未成年的孩子来说是非常大的,孩子很容易被吸引。当孩子沉浸其中时,看似专注,其实属于被动注意,而学习却是一个需要主动思考的过程,需要调动的是孩子的主动注意。

而且,当孩子过度使用电子产品时,各种各样新奇的刺激会将孩子乐趣的阈值不断升高,相对而言,老师的课程就显得枯燥了很多,让很多孩子很难再专注其中,慢慢地甚至会失去对学习的兴趣。

心理学家研究发现，3 岁以前，孩子每天平均多看一小时的电视，7 岁时注意力障碍问题的发生率就会增加 10%。因为这个期间，孩子的注意力控制能力弱，被电视和游戏吸引，其实更像是被动地沉浸于某个外在刺激的诱惑，不利于孩子主动控制注意力的训练。

3. 父母的过度打断

美国印第安纳大学曾经做过一个关于专注力的实验，实验的对象是 1 岁左右的孩子及其家长，每一个孩子都戴上眼球追踪器，便于观察父母的互动和孩子玩玩具时专注力的关系。

实验对象被分成两组，一组是父母积极参与，指导孩子玩玩具；而另一组父母只在孩子需要时给予适当的互动。

实验结果发现，父母积极参与的一组，孩子在玩玩具这件事上很难保持专注力；而父母没有过多干扰的一组，孩子的专注力明显要强很多。

这个实验表明，父母安静的陪伴、不过多的打扰，对孩子的专注力培养非常重要，比时刻参与效果更好。

但很多人，在生活中不自觉地做了非常多这样的事情，比如孩子本来正非常专注地玩自己手上的玩具，我们为了逗小孩玩，又故意拿出另外一个有吸引力的东西，在孩子面前晃来晃去，结果孩子便放下自己手里的，想来拿我们的这一个。

再比如孩子写作业时，有的父母根本闲不住，一会儿进去送点吃的，一会儿又进去送杯水，还有的当发现孩子写错了作业，孩子自己还没反应过来时，她就已经拿起橡皮擦起来了，然后立马纠正孩子。

还有很多时候，孩子正在说一件事情，父母听到某个地方觉得说得不对，就会立马打断孩子，然后去讲自己的，不给孩子完整表达的机会。当父母说完，让孩子继续表达时，孩子可能都忘了自己要说什么。

这些过度的参与和打断，会人为破坏孩子做事情时完整的体验。孩子在做的事情就像穿一条珍珠项链，一颗一颗地穿，最后穿成一个圆环。而父母过度的干预，就像"咔"的一声，把线剪断了，所有的珍珠随之散落一地。

这个线是他做一件事完整的体验，是孩子内在的思维线，是他的深度思考，是他的专注力。

如果这种事情发生得太多，就会造成孩子想问题不深入，抗干扰能力差，思维线短，难以做到专注。

2.3 提升孩子专注力，你一定要做这三件事

1. 发现孩子专注做事时，不轻易打扰

正如教育家蒙台梭利的一句名言："除非你被孩子邀请，否则永远不要去打扰孩子"。所以，想要提升孩子的专注力，父母首先要做的就是不破坏，不随意打断孩子。

比如，当我们要喊孩子吃饭、睡觉或者做其他事情时，先看看孩子在做什么，如果发现孩子正在专注地做自己的事情，条件允许的情况下最好耐心等待一会儿，不要突然打断他。

甚至在孩子过度频繁地向你寻求帮助时，也需要适当地拒绝。

比如，孩子写作业，经常一遇到不会的题目就来问家长，这个时候可以鼓励孩子自己先独立思考，真的想不明白，可以等做完所有的作业之后，家长再一起讲给孩子听。

在孩子做每一件事情时，保证他可以拥有尽量完整的体验，以完整的体验为一个自动性的循环，从而保护孩子的专注力。

2. 合理而有节制地使用电子产品

有不少家长为了图省事，不想管孩子，就会扔给孩子一个手机，让孩子自己去玩。慢慢地，孩子就形成了对手机的依赖，放不下了。

在孩子使用电子产品时，需要制定合理的使用时间，确定时间之后，定好闹钟，到点就不能让孩子再玩了，关于具体如何制定，家长可以翻看本章最后一节。

3. 刻意练习，增强专注力的小游戏

刻意练习，是让自己快速增强某项能力非常有效的方法。对于增强专注力，也有很多好玩的练习。通过刻意的训练，提升孩子的专注力并不难。

其中一个非常有名的游戏，叫作舒尔特方格，是被世界公认的培养专注力最科学有效的方法，需要孩子在短时间内，依次从打乱的数字中找出 1~25 这些数字。除了这个游戏外，还有夹豆子，即用筷子把黄豆从一个碗里夹进另一个碗里；还有提升专注力的冥想，等等。

我们设计的游戏，只要短时间内能让孩子高强度地集中注意力，就可以训练孩子的专注力。

沟通锦囊

当孩子经常分心走神，无法集中注意力时，高效沟通 = 不打扰 + 不过度 + 勤练习。首先，不过分参与孩子正在专注的事情，创造拥有完整体验的环境。其次，合理使用电子产品，减少对主动注意训练的影响。最后，通过可以高度集中注意力的小游戏，进行刻意练习，快速提升专注力。

2.2 孩子做事拖拉，怎样说让孩子学会时间管理

☀ 情景重现

四年级的女儿放学后刚进家门，就把书包以一条抛物线丢在了沙发上，厨房里的妈妈见状大声喊道："现在饭还没熟，你可以先写一会儿作业。"

躺在沙发上的女儿不慌不忙地说道："不着急，我先玩会儿手机，吃完饭再写也不迟。"

晚饭过后，妈妈又忙着去做家务，本以为女儿去写作业了，可回头一看，还坐在沙发上一动不动，于是着急地冲着女儿喊道："都八点了，快去写作业，一会儿写不完了！"

女儿懒洋洋地说："还有时间，我再看一会儿电视，马上就去写。"

最后，一直拖到晚上九点多，才慢悠悠地来到书桌前开始写作业，但因为时间紧张，写得就特别敷衍。第二天，老师检查的时候发现错误连连，免不了一顿批评，女儿心里暗想："今天回家可不能再拖了，一定得早点儿完成。"

可是回到家后，女儿就像不受自己控制似的，又像往常一样

拖延起来……

《战胜拖延症》一书作者蒂莫西·A·皮切尔博士曾说过一句话："人人都会有拖延症。"

根据调查数据显示，大约 95% 的人都承认曾经拖延，而没有承认的另外 5% 的人，则是在说谎。

其实，大家都知道拖延不好，但好像就是戒不掉。

2.2 表层的拖延，来自对任务的理解能力不足

其实，孩子拖延，一般有两种情况，一种是觉得日子还长，又不着急交，也不是一时半会儿能做完的，先放放；一种是从来没做过，根本不知道从哪儿下手，或是做过，知道非常不好做，特别费精力，一想到要做就特别抵触。

1. 日子还长，不急于眼下就做

细想起来，当孩子在拖延的时候，他内心总是有两个声音在相互打架，一个带着焦虑的声音不断嘀咕："某件事还没有做完，快点去做啊！要不来不及了。"而另一个声音在反抗道："闭嘴，还有时间，再歇歇，再等等，不着急。"

然后，两个声音就开始大打出手。结果就是，玩也玩不好，做也做不好。因为要处理的事情一直在那里，从未被解决，内心没办法获得真正的轻松愉悦。而且，时间久了，这将变成习惯。

心理学家派希尔曾说："习惯会变成无意识的大脑运作过程，如果长时间拖延，人们便会从根本上习惯性地保持这种状态。"

所以，习惯性的拖延会像温水煮青蛙效应一样，让人沉浸在虚幻的舒适区里无法自拔，看起来拖一拖没有什么影响，但最终将付出更大的代价。

2. 太难了，等我精力充沛时再做

心理学上有一个名词叫"约拿情结"，是心理学家马斯洛提出的。简单地说，"约拿情结"就是对成长的恐惧。在重大的挑战面前，我们会心生恐惧，本能地为自己设置障碍，然后东一下、西一下地转移注意力，借此逃避与退缩。把事情拖到最后一刻，不得不去做的时候卡点完成，甚至是放弃。这也是我们在重大事情面前喜欢拖延的原因。

这种拖延其实是因为害怕自己好好准备了、付出了，还做不好，不敢面对最后的真实结果。如果是拖到最后才去做的，做成了，我们可以很自豪地说，你看我都没有好好准备，也做得不错；如果做得不好，我们也可以自我安慰，你看我根本就没有好好准备，不是我不行，只是我没有认真去做。

这两种情况，本质都是对任务的理解能力不足。

当我们所面临的事情多而杂，并且这些事情还相互关联的时候，有时会不知道究竟要从哪里入手，感觉就是，有一堆的事情要去处理，事情太多了。这个时候，我们本能地就会出现烦躁的情绪，根本不想动手，心想反正已经很乱了，就这样吧！假装自己看不见。

比如说，我们面前放了一大堆乱七八糟的衣服的时候，收拾都无从下手，你会有什么感觉？是不是看到就感觉很烦，一烦就

想逃避，能不做就不做，这就引发了我们的拖延症。

2.2 深层的拖延，来自于童年经历的影响

其实，孩子现在之所以拖延，跟过往的经历有很大的关系。

如果在他成长的环境里，经常有人催促他，唠叨他，这些都会让孩子产生压力。而对于孩子来说，他没有能力直接和父母正面对抗，那么就会用被动攻击来回应你。

心理学上有一个现象，叫作强迫性重复，说的就是我们很容易在不知不觉中，重复某一类型的经历。强迫性重复可以理解为，一个人小时候形成的关系模式的不断复制。

相信很多父母都有这样的体验，早上孩子上学要迟到了，你一遍遍地喊："快点儿，快点儿，迟到了。"但是，孩子还在晃晃悠悠、慢慢吞吞地收拾东西，好不容易出了门，孩子突然说："我忘带作业了。"然后，你只能恨得牙痒痒，却也无奈地说："快去快去，你怎么这么多事！"接着就是一堆的抱怨。好一点的家长可能会顾及孩子上课的感受，硬是把火气生生地咽了回去。拖延，此时就是一种"被动攻击"的手段。

只是很多家长在面对孩子的拖延时，不去思考孩子为什么这样做，而是执着于我们用的那一套，将唠叨、催促进一步升级，而升级的结果就是孩子更加拖延，家长更加抓狂，形成了恶性循环。

这样做的后果，不仅仅是破坏亲子关系，同时也让拖延症的种子生根发芽、开花结果。因为我们会内化，在面对自己不想做的事情、觉得烦的事情、有压力的事情的时候，我们会本能地、

不自觉地选择我们熟悉的方式，那就是用拖延来对抗，就像我们习惯了用右手写字，只要写字，想都不用想就直接用右手来写了。

2.2 有效缓解拖延的 OCH 模型

1. 顺序（Order）：将事情罗列出来，按照重要性排序，一件件做好

我们都会陷入有很多事情要去处理却无从下手的情境，很多时候索性就不做。其实，在这里，我们只需要帮助孩子养成做这四件事情的习惯。

第一件事：每天晚上固定一个时间，做关于第二天事情的梳理，罗列出第二天究竟要处理的事情有什么。

第二件事：从梳理出来的事件中，选出五件孩子认为重要的事。

第三件事：按照孩子心中的价值，将这五件事进行先后顺序。

第四件事：第二天按照先后顺序一件件地来执行。

提醒孩子每次只选择一件事当下来做，开始之前告诉自己：我接下来多长时间用什么样的状态做某件事，其他的事情暂时都离开吧！可以借用自我暗示的语言来帮助自己。

2. 完成（Complete）：追求完美是击垮自己最快的路，先完成后完美

在面对重要挑战的时候，如果孩子又想逃避、拖延，我们可以告诉他：每个人都不是完美的，可以不把事情做到极限，做到 70 分就是现在的目标。减少因目标太高给孩子带来的障碍。

比如说，刚刚开始写文章的时候，我给自己设定的目标是每天必须写 3000 字以上，那时我就很难坚持每天都写，而且一想到每天要写 3000 字就容易想拖，拖了以后又会愧疚。

后面我就做了一个调整，不再给自己写的文字内容设限，每天只要写就可以，不会再设定字数，在时间紧张、自己确实感觉累的时候，哪怕是几个字也是可以的。往往这样做的时候，反而能够让自己坚持每天写作，并且写得更加流畅，也会有更多的思考。

所以，对自己温柔一点，多一份接纳也是很有必要的。

3. 疗愈（Heal）：减少无效的催促、唠叨，帮孩子疗愈创伤

如果孩子的拖延是源于家长经常的逼迫、催促、唠叨等，造成了孩子用拖延来被动攻击，那我们就需要帮孩子做一些疗愈。如果你和孩子的关系还不错，这个疗愈可以由家长为孩子做；如果亲子关系紧张，也可以找孩子比较信任的人来帮忙。参考方式如下：

找到一个让自己觉得舒服的姿势，让自己慢慢地静下来，做一个深呼吸，让自己慢慢地放轻松，然后邀请过去那个被父母步步紧逼，而不得不用拖延来对抗的孩子，慢慢浮现在自己的脑海，然后看着脑海中这个小孩的眼睛，对他说：

"亲爱的，我是长大后的你。我看到你了，我看到你用拖延的方式来对抗，为自己争取更大的空间。其实，我知道你并不是不想做那件事，只是因为那个时候妈妈态度太强势了，让你觉得不能做自己，可是从力量上我们不如妈妈，于是你选择用拖延来表达不满，来捍卫做自己的权利，谢谢你。"

然后，想象去拥抱那个小孩，再慢慢地对他说："现在的你已经长大了，拥有更多的智慧、力量、能力来处理问题，你可以选择原来拖延的方式对抗，也可以选择现在更加适合你的方式，比如做自己想要去做的事！"

需要注意的是，整个过程要在安全、安静的环境中进行，尽量不受打扰不要中断。同时，引导的时候，语速要慢、语气要温柔，帮助孩子完成这样一个自我对话，疗愈曾经的创伤。

如果你是喜欢唠叨、逼迫孩子的父母，那也请你停下来。虽然我很理解父母爱孩子的那颗心，舍不得孩子走弯路，于是想让孩子按照我们的计划往前走，但有些路必须让他自己去走。

我们所说的弯路，对于孩子的人生来说却是必经之路。

就像每一个孩子，都需要摔过跤才会走路。摔跤后，就明白了要一步一个脚印，要脚踏实地。如果父母总是要求孩子听自己的，孩子就很容易一遇到必须要做的事情，就回到被父母逼迫的那份感觉里，然后继续采用习惯性的、无休止的拖延来对抗。

关于拖延这种现象，它的存在其实真的是让我们学会更懂自己，是让自己变得更好的一个途径。

🔔 沟通锦囊

在遇到孩子拖延问题的时候，高效沟通 = 分析层级 +OCH 模型。首先，分析孩子的拖延属于表层还是深层。然后，分情况处理。如果属于表层拖延，要注意帮助他养成良好的习惯，包括做好事情的优先级、先完成后完美等；如果无休止的催促唠叨造成了深层的被动攻击，就需要立即停止并帮孩子疗愈创伤。

2.3 孩子爱撒谎，怎样说孩子更愿意讲真话

☀情景重现

"妈，我出去找同学们玩儿了哈！"话音刚落，男孩就迫不及待地往外跑。不料，还是被妈妈给拦住了，"就知道玩儿，作业写完了吗？"

其实，男孩并没写完作业，但想到和同学们一起开心的场景，便拍着胸脯，脸不红心不跳地说："放心吧，早就写完了！"妈妈看男孩如此笃定，于是就让他出门了。

第二天收作业，当老师来到男孩面前的时候，男孩故作镇定地说："老师，我今天出门着急，把作业落在家里了。"老师毕竟见多了这种情况，一眼便看出男孩说谎，于是联系了男孩的妈妈。

妈妈在家翻了个遍，也没找到男孩的作业，意识到昨天被男孩骗了，而且不仅仅是昨天，可能男孩已经对她说了很多次谎了。想到这里，妈妈开始担忧起来。

其实，特别能理解这个妈妈的心情，孩子经常撒谎，一旦形成习惯，父母、老师、同学都不能接受，甚至走向社会也将影响人际关系。诚实守信是做人的基础，不仅仅关乎孩子的现在，更

决定着孩子未来能走多远。

家长要重新认识撒谎行为，并深入探究这个行为背后的动机，才能有针对性地给自己的孩子提供有效的支持，让孩子愿意开口说真话。

2.3.1 认识不一样的谎言

多伦多大学应用心理学教授李康，就撒谎的行为带领团队做了一项研究。研究结论表明，两岁的孩子撒谎概率约为 30%，3 岁的孩子撒谎概率约为 50%，4 岁以后的孩子撒谎概率可以达到 80%。由此可见，撒谎是孩子成长过程中的一个普遍现象，家长不必过于担忧。

著名心理学家皮亚杰说："撒谎的倾向是一种自然倾向，它是如此自发、如此普遍，我们可以将其当作儿童自我中心思维的基本组成部分。"教育家施鲁克也曾说："孩子第一次有意义的说假话是他成长过程中的一个重大进步，标志着他有了想象力、开创性的行为和与周围环境打交道的能力。"

我们并不鼓励孩子撒谎，但是从一定程度上讲，会撒谎的孩子一般不笨，为什么这么说呢？因为作为孩子，试图欺骗大人可不是一件简单的事儿，要想欺骗成功那就更难了。在行动前的准备工作中，要有足够的词汇量、逻辑能力、语言组织能力，并且通过记忆力把自己准备好的说辞熟稔于心。在行动中，要有强大的心理素质，做到脸不红心不跳，管理好自己的面部表情，同时还要细心观察父母的反应……

　　所以，从某种意义上说，撒谎其实是孩子心智发展的一个见证，代表着孩子认知能力的提升和神经系统的成熟。暂且不论正确与否，这毕竟也是孩子在遇到问题时，凭本能反应想出来的一种解决方法。作为家长，与其因为孩子撒谎这个行为而担心焦虑，更应该做的是探究其背后真正的动机。

2.3 谎言的三大动机

1. 自我型谎言

　　趋利避害是人的本能，所以，孩子有时会为了达到某种目的或者逃避某些惩罚，故意掩盖事实真相，将事实扭曲。

　　比如，为了得到认同，有的孩子明明哪里都没去过，却在小伙伴们面前说自己去过哪哪哪；害怕父母失望，一直很优秀的孩子，会选择用谎言掩盖失败，来维护自己在父母心中的形象；为了逃避责骂，孩子明明考了 70 分，却说自己考了 90 分，甚至说根本没考试。

　　孩子说这种类型的谎言时，作为家长要思考，孩子的需求是否经常被我们忽略，自己教育孩子的方式是否过于严厉。

2. 善意型谎言

　　这种类型的谎言，利益点不在自己而在他人，往往是出于保护他人的目的，而对事实进行选择性的阐述甚至扭曲重塑。

　　心理学家派克在《少有人走的路》中，将谎言分成了两种，一种叫白色谎言，另一种叫黑色谎言。黑色谎言是指彻头彻尾地撒谎，叙述的情况与现实完全不符；而白色谎言，其本身或许能反映事实，却有意隐瞒大部分真相。

白色谎言，就是我们所说的"善意型谎言"。比如，为了让对方开心，会说"这件衣服就像是专门为你设计的"；为了不让父母担心，会说"一点儿也不疼，没事，过一会儿就好了"；为了不牵连好朋友，会说"不关他的事，全都是我一个人干的"。

孩子说这种类型的谎言时，父母首先要看到谎言背后孩子的那颗善心和动机，并予以肯定。同时，要通过温和的沟通交流，指出孩子行为上的偏差，并给予正确的引导。

3. 无意型谎言

当孩子小的时候，由于认知水平比较低，不太容易将现实和想象区分开，同时由于小孩子的想象力特别强，所以，经常将自己想到的一些事情与现实混淆，认为自己想的那些就是真的。

比如，几个小孩子一起玩，其中一个小孩子说："我爸爸很厉害，一下能劈开好几块砖。"旁边的小孩子也不示弱："我爸爸更厉害，他能举起一头大象。"再比如，小孩子郑重其事地对你说"我昨天打败了一只大怪兽"，其实他可能就是做了个梦。

这种情况的谎言，只是孩子的一些想象，没有必要过于紧张，随着孩子认知水平的不断提升就会自动发生改变。

2.3.3　SCG 法则，让孩子愿意说真话

1. 空间（Space）：给孩子说真话的空间

哲学家罗素说："孩子不诚实几乎总是恐惧的结果。"如果孩子清晰地知道，告诉你真话必将面临一场狂风暴雨，撒谎的种子就会在他心里生根发芽。

家长的苛责，让孩子没有说真话的勇气，为了逃避惩罚会选择通过谎言搏一搏，毕竟这样还有可能逃过一劫。只要家长没有给予说真话的空间和力量，即使谎言被戳穿，孩子下一次遇到同样情况的时候，想到的不是改正，而是如何把谎言说得更完美。

举个例子，孩子在客厅玩儿的时候，不小心把花瓶打碎了，这时你闻声从厨房跑过来，看到好好的花瓶变成了一地碎片，你的脸立刻拉了下来，整个房间的空气像凝固了一样。孩子会很敏锐地感觉到当下的环境已经不安全了，接下来自己可以有两个选择。

A：说真话，坦白是自己不小心打碎了花瓶，然后被父母训一顿。

B：说谎话，反正当时妈妈不在现场，就说是猫跑过去的时候撞掉的。如果谎话没有被识破，就能逃过一劫；如果被识破了，再被父母训一顿。

如果你是孩子，你会做一个什么样的选择呢？我相信绝大多数的人会选择 B，因为这里面起码还有一种可能性，如果没有被发现就不用受惩罚。

智慧的父母，不是整天在和孩子玩破案的游戏，将孩子囚禁在道德的监狱，用语言暴力和行为暴力让孩子意识到自己的错误，

而是给他创造一个安全的空间，在这里面充满了用爱和允许托起的引导牌，让他自动自发、心甘情愿地回到正确的道路上。

父母真正要做的是，让孩子从敢说谎话，到敢说真话！给孩子提供一些说真话的好处，让孩子意识到，不说谎反而更能解决问题。

2. 好奇心（Curiosity）：用好奇心引发良性沟通

有一些家长，在面对孩子撒谎的时候，不会指责打骂，但特别喜欢给孩子贴标签：你天天满嘴跑火车，简直就是一个"撒谎精"；你嘴里从来就没有一句真话，你就是个十足的"小骗子"。

虽然没有指责打骂的直接暴击，但是负面标签的自我暗示，同样具有相当大的威力。透过负面标签，孩子会觉得："哦，原来在爸爸妈妈眼里，我就是这样爱撒谎的人呀！好吧，你们既然这样看我，无所谓了。"然后，孩子慢慢地就真的变成了你口中的"撒谎精""小骗子"。

这就是心理学中的"标签效应"，当一个人被贴上某种标签时，他会自动地进行自我印象管理，最终成为标签里的那种人。

所以，在教育孩子的过程中，负面标签一定要慎用。因为我们的目标不是强化孩子的负向行为，而是通过教育让孩子变得更好。想要让孩子变成一个诚实的人，我们可以带着好奇心跟他一起探索，撒谎背后孩子心里的真实想法。

比如，孩子没有交作业，撒谎说作业落在家里了，家长就可以这样说："听老师说今天你没有交作业呀，还说落在家里了，妈妈找了找并没有看到呢。你能不能告诉妈妈，为啥不写作业呀？

是最近学累了吗？还是心情不好？"

带着好奇心进行良性沟通，引导孩子说出内心的真实想法，找到问题，才能解决问题。

3. 引领（Guide）：父母以身作则，引领孩子成长

曾经见过这样的情景，在某个购票窗口前，一位年轻的妈妈悄悄地嘱咐自己的孩子："等一会儿售票员阿姨如果问你身高，你就说自己不到一米二，反正她在里面也看不清楚，这样你就不用买票了！"

有的家长在工作中遇到问题，上司打电话过来询问，自己为了逃避责任，就会说："这件事不是我负责的，都是某某的责任。"甚至喝了酒开车的爸爸，在前方遇到交警时，会赶紧路边停车，和副驾换过来继续开，然后和交警说自己一直没有开车。

很多父母在家里也会说谎，只是有时候他们并没有意识到。比如，自己明明不开心，但孩子问你的时候，为了不让孩子担心，就会告诉孩子"我没事，你不用管"。有的时候，家长明明不喜欢某个人，在家里提起的时候满满的都是对他的不屑，但真在这个人面前的时候又曲意逢迎。

其实，这些情况，孩子都看在眼里，并且一步步渗入他的思维、观念。可以说，家长们用自己的行为，手把手地教会了孩子，遇到问题要撒谎。

家长一定要对自己的行为有更多的觉知，以身作则。《论语·子路》有言："其身正，不令而行；其身不正，虽令不从。"父母是孩子的镜子，孩子是父母的影子，父母怎么做，孩子就会怎么学。

想要孩子成为一束光，自己先活成太阳。

沟通锦囊

当孩子经常说谎时，高效沟通＝三大动机＋SCG 法则。首先，正确认识孩子的撒谎行为，了解孩子撒谎的三大动机，而非无情地揭穿、指责、打骂。然后，运用 SCG 法则，让孩子可以坦诚相待，开口说真话。

2.4 孩子早上赖床，怎样说让孩子轻松起床

☀ 情景重现

"丁零零，丁零零"清脆的闹铃声唤醒了寂静的清晨，却没有唤醒慵懒的女儿，"啪"的一声就被她反手关掉了，然后继续呼呼大睡。

看女儿没有出来，妈妈气呼呼地打开房门，两手叉腰，大声喊道："看看都几点了，快给我起来，我现在去做饭，你马上起床洗漱，听见没！"女儿依旧懒洋洋地回道："知道啦，马上起，马上起。"

十几分钟后，妈妈已经把早餐端到了桌子上，望向女儿的房间却发现女儿竟然还是一动没动，心中的烦闷再也压制不住，冲到女儿床前，一把将被子掀开，一边拽一边怒吼道："你给我起来！"

被强行拽起来的女儿，带着起床气、眯着眼来到洗漱台前，开启了迷迷糊糊的一天。

都说一日之计在于晨，我们都希望以美好的清晨，来开启能量满满的一天。但是，很多家庭的早上，和上面的妈妈一样，是在叫孩子起床的一地鸡毛中开启的……

2.4.1 起床持久战中的暴力"雷区"，你踩了几个

孩子每天起床之所以这么艰难，是因为家长做这件事情的方法是简单粗暴的，走进了很多暴力的"雷区"，从而激起孩子的起床气，最终导致起床这件事儿，变成了一场持久战。而且这些暴力的方式，将孩子强硬地从潜意识当中直接拉回了意识，没有了中间的启动过程，很容易给孩子带来一些心理甚至神经方面的问题。比如，情绪失常、反应迟缓、精神涣散、经常哭闹、冷漠麻木等。

1. 狮功吼叫法

这是大多数家长最常用、最自然的一种方法，每天时间一到，就会扯着大嗓门，一把推开孩子的房门，大声吼叫道："你怎么还不起？再不起床就要迟到了，迟到了我看你怎么跟老师交待，赶紧起，赶紧起！"

好像所有的家长总抱有一种希望，就是当自己下达起床命令的时候，孩子必须立刻从床上弹起来，所以就会通过这种大声吼叫、斥责的语言和行为去叫孩子起床。但是，留恋潜意识的梦境是人的共性，这种方式极大地破坏了孩子的睡眠安全感，摧毁了孩子美好的清晨。

2. 谎言欺骗法

为了实现孩子早点起床的目的，很多家长会使用谎报时间这一招，明明才 6 点，却告诉孩子 6 点 20 了，孩子一听，感觉时间紧张，便匆匆忙忙、心急火燎地抓起衣服往外跑，跑出来一看才 6

点……无论如何，孩子早早起来了，家长感觉很满足，可这一招用不了几次就会失效，就像狼来了的故事，哪怕真的 6 点 20 了，孩子也不会再相信。

我们训练营有一个学员，就跟我说自己的妈妈说话简直太不靠谱，就是因为每次起床妈妈都会故意夸大，通常都会谎报半个小时，搞得孩子就形成了一种心理认知：我妈说的话根本就不靠谱，现在时间肯定还早，继续睡。这样反而容易让孩子养成故意拖拉磨蹭的习惯。

3. 拖拉硬拽法

我曾经见过有的妈妈，为了让孩子快速起床，直接一把掀开被子，硬生生地把孩子拽起来，然后给他套衣服、穿鞋子，就这样把迷迷糊糊的孩子拉到了洗手台前。还有的妈妈，会故意拿自己冰冷的手，去触碰孩子温暖的身体，或者用粗暴方式去拍打，以这种不良的刺激方式来唤醒孩子。

以上这几种方式，是极具伤害性的，孩子对于突然出现的外界强刺激，身体会本能地吓一跳，不仅破坏孩子的安全感，也更容易激起孩子的不良情绪甚至是反击。

4. 生活噪声法

有的家长，不会去叫孩子起床，但是会故意地弄出一些噪声来吵醒孩子。比如，很大的谈话声、来来回回的走路声、物品的撞击声等。

这种方式虽然不会导致孩子惊醒，却会引起极度的反感。不断地被噪声打扰，不能安安静静地完成从潜意识到意识的切换启动，孩子醒来就会莫名地烦躁，形成很强的起床气。

2.4.2 关于起床，你不知道的那些事儿

相关心理研究显示，当我们使用暴力的方式叫孩子起床，会容易导致孩子的情绪不稳定，容易发脾气、发呆走神……

因为在孩子被叫醒的那一刻，大脑会经历一个非常复杂的过程，由潜意识过渡到有意识去控制大脑，神经系统是最先开始启动的，然后再是眼睛、四肢，整个过程需要在一个安全的、放松的环境里，而且是需要一定时间的。

如果突然被惊醒，时间长了，会容易形成内在深层次的恐惧，从而导致神经系统紊乱。轻者，起来的时候迷迷糊糊，好像睡不醒的样子；重者，孩子可能一天都昏昏沉沉。

所以，这些暴力手法，破坏性真的很大，容易让孩子出现冲动易怒、情绪低落、反应迟顿、注意力涣散等情况。

2.4.3 起床七步曲，让孩子起床变得简单

第一步：起床前的准备工作

调整自己的状态，每一次在叫孩子起床之前，家长自己早起几分钟，把自己调整到轻松愉悦的状态，让心静下来，让笑容出现，体会对新的一天充满了希望的美好心情与幸福感。

当我们用这种状态去叫孩子起床时，不容易激起孩子的对抗情绪，因为能量本身就是相互影响的。如果我们叫孩子起床，带

着的是那份不耐烦、急躁、不满，就会激发孩子与之相对应的情绪，也就是厌烦。

第二步：轻轻地打开窗帘，让阳光进来

当我们走到孩子房间门口时，轻轻地打开房门，再慢慢地走到窗帘旁边，拉开一点点的窗帘，让一点点光进来。我们的视觉神经系统非常敏锐，当有一点点光进来的时候，就能够对我们有一个唤醒的作用。

但有很多的家长会比较粗暴，一下把整个窗帘都拉开了，这个时候光线太强，反而让孩子更想抓过被子，躲到里面去。

第三步：用赏识的眼神欣赏孩子

拉开窗帘之后，我们慢慢地走到孩子身边，坐下来，用带着爱的眼神，去欣赏孩子一分钟左右。好好地欣赏这个生命，看到他身上那些所有的美好品质。比如，一直坚持学习成长，努力地让自己变得更优秀。

当然，我们也可以用眼神，把心底里对孩子美好的祝福送给他，把内在的这份温柔传递给他。

第四步：轻轻地拍拍孩子，并告诉他准确时间

当欣赏完孩子之后，我们可以一边轻轻地拍拍孩子，一边唤醒孩子。比如，可以说："要起床啦！我的小可爱呀，美好的一天又开始啦！有无数的美好在等待着你呢！"

然后，再告诉孩子现在准确的时间，"现在已经是6:50啦"。告诉孩子时间时，千万别为了让孩子起来，故意谎报时间，这样

会破坏孩子对家长的信任度，还会让孩子故意拖拉。

第五步：给孩子的赖床，留出几分钟时间

其实，做到前四步，80% 的孩子就可以起床了。不过，还有一些孩子，喜欢醒了之后在床上磨蹭几分钟，来回翻翻身，伸伸懒腰，伸伸胳膊伸伸腿，用这样的方式慢慢地带醒自己。

这就相当于在做一个起床前的准备工作，像我们跑步前也需要预备活动一样，这个时间其实是可以允许的，提前预留出来就可以。比如，这一部分需要 5 分钟，我们在正常叫醒孩子的时间基础上，提前 5 分钟就可以了。当然为了防止孩子睡过头，这部分时间最好不要超过 5 分钟，并且 5 分钟之后，还要再来叫他一次。

第六步：承担不起床的自然后果

如果前面几步我们做得都很好，孩子却还不愿意起床，我们就可以告诉孩子："如果你还是不愿意起床，那妈妈尊重你，同时你也要为你的选择负责任。如果迟到了，自己给老师交代，并且我也没办法送你，因为我上班的时间就要到了。我现在去吃早餐，吃完饭之后我去上班，你自己想办法去学校，到时候自己跟老师解释。"

这个时候，我们的态度一定要温柔而坚定，千万不要恶狠狠地说："叫你起床你不起，我看你怎么去学校，到时候迟到了看老师怎么批评你！"这样的态度会激起孩子的对立情绪。

每一个人都需要为自己负责任，如果作为家长，你已经做了你能做到的，剩下的部分就是孩子需要自己承担的部分，并且为

此付出代价。学会承担责任，是每个孩子必不可少的人生功课，要做一个真正能够为自己的言行负责任的独立生命。

第七步：积极复盘，并且制定下一步方案

假如，孩子今天真的因为起床晚了，从而迟到被老师批评，当孩子回来的时候，我们要理解孩子的情绪和感受："今天被老师批评，心里一定不好受吧！是不是对妈妈也有埋怨，没有送你，让你迟到了？其实，妈妈也很难受，我没有办法一直哄着你、迁就你，当然也没有任何人应该迁就你。每个人都要为自己的行为负责，而你是一个独立自主的少年，你一定希望自己未来可以做更多的事，所以妈妈希望通过今天的迟到，你能够学会为自己的事情负责任。但不管怎么样，妈妈也都是爱你的。"

讲完这些，我们也听听孩子的想法，最后和孩子制订接下来的起床计划。

当然，除了这些方法，我们还可以让孩子借助闹钟起床，也可以在孩子醒来的时候放好听的音乐。此外，让孩子能够按时起床的核心，还在于晚上让孩子早睡。

孩子起床，本身就是一个需要慢慢唤醒的过程，多花几分钟做一些真正有建设性的事情，能让一家人都以美好的状态开启新的一天，真的很有价值！

沟通锦囊

当孩子早上赖床，为了叫孩子起床搞得家里一地鸡毛时，高效沟通 = 避开暴力"雷区" + 起床七步曲。首先，要清晰地意识到自己正在使用的暴力叫醒模式，给孩子带来的伤害，并立即停止使用。然后，按照起床七步曲，轻松地解决孩子的起床问题。

2.5 孩子沉迷手机，怎样说让孩子合理使用手机

情景重现

10岁的儿子匆匆忙忙写完作业，来到妈妈跟前说："我写完作业了，快把手机给我，就玩一会儿，就一会儿。"

"好吧，只能玩一会儿哈。"妈妈无奈地说道，随即掏出手机递给了儿子。接过手机的儿子，往沙发上一躺就进入了游戏的世界。

不知不觉差不多半小时过去了，妈妈感觉儿子已经玩了很长时间了，于是催促道："行啦，已经玩了很久了，把手机给我吧。"儿子却磨磨蹭蹭不愿意给，"再玩一小会儿哈，真的就一会儿。"妈妈无奈地叹了口气。

差不多又过去了十几分钟，妈妈再次过来催促，儿子大声嚷道："着什么急，这一局还没打完呢！"妈妈实在看不下去了，怒吼道："天天就知道玩手机，你成绩都成什么样了，给我拿过来！"一把将手机夺了过来。

还没打完游戏就被夺回了手机，儿子也很愤怒，气冲冲地回到自己房间，"砰"的一声关上了房门。

随着生活水平的提高，智能手机越来越普及。有调查显示，幼儿的智能手机使用率已经达到了 80.4%，其中有 32.5% 的孩子从 3 岁就开始玩手机，青少年比幼儿的相应数据还要高。手机的普及，给我们的生活、工作和学习都带来了很大的便利，同时由于孩子自律性的欠缺导致其过度沉迷，给相当一部分家长也带来了极大的困扰。

不过，提到孩子沉迷手机时，很多家长只是焦虑、抱怨、无助，却并没有真正思考过孩子为什么会沉迷手机，怎么才能让孩子放下手机，甚至都没有考虑过沉迷手机究竟有哪些危害，只是知道会影响学习而已。

要想从行为层面上，让孩子放下手机，只有担心焦虑是不够的，更重要的是要有全面的认识。只有知其然，知其所以然，才能够真正地对症下药。

2.5.1 当你沉迷手机时，你的生活会发生什么

影响身体健康。法国克莱蒙·费朗大学的一项测试表明，儿童使用手机时，大脑对手机电磁波的吸收量要比成人多 60%。所以，长时间玩手机会影响青少年的健康，比如会头晕、乏力、失眠、记忆力衰退等，而且长时间玩手机会严重影响孩子的视力。实验表明，孩子连续玩 20 分钟手机，视力平均下降到 43.8 度近视状态。甚至曾有报道称 5 岁男童贪玩手机，不仅白天玩，晚上也偷偷玩，最终导致失明。

消耗大量宝贵时间。一个资深游戏策划说：所有商业化的网

络游戏，无不是为了让玩家沉迷所设计的！所以，当你进入游戏的那一刻就很难停下来，短视频也是如此，刷着刷着时间很快就过去了，而自律的人，却在这些宝贵的时间里悄悄地成长。

破坏专注力。在专注力的章节我们提到过，沉迷手机是被动注意的过程，而长时间处于被动注意会导致很难再进行持续和深度的思考。所以，沉迷手机的孩子往往会浅尝辄止，经常分心走神，无法集中注意力，而学习恰恰需要超强的专注力。

影响人际关系。离手机的世界有多近，就会离现实的世界有多远。很多人因为沉迷于虚拟的手机世界，却疏远了身边的朋友，甚至慢慢地没了朋友，而且由于缺乏现实中的互动，人际交往能力也成为一大问题。

意志消沉，丧失梦想。很多孩子虽然在手机的世界里很开心，可是一旦回到现实，就会很空虚、无聊、自卑。虚拟和现实的差距，会让孩子倍感压力，内心越来越没有力量，曾经高昂着的头颅就此低下，也没有了昔日激情的追求和梦想。

影响亲子关系。调查显示，90%的孩子在沉迷手机之后，脾气性格相比之前都会发生很大变化，甚至有的孩子直接像是变了一个人，易暴易怒，家长根本不能开口说话，严重影响亲子关系。

2.5.2 孩子坠入手机"黑洞"，究竟谁是幕后推手

1.生活太无聊了，不玩手机可以干什么

我曾经问家长："如果不想让孩子玩手机，你觉得孩子可以做些什么呢？你可以在家里给他提供什么好玩的活动呢？"

家长们愣了一下，纷纷表示确实没有好玩的。很多家长自己本身也没兴趣，有的工作忙起来甚至根本没有时间陪孩子。所以，孩子玩手机只是让他逃避空虚、无聊生活的一种途径。

2. 现实世界中找不到价值感，玩手机是为了追求快乐

我曾经问一个学生为什么喜欢玩游戏，他说："只有在游戏里，我才觉得自己很厉害，游戏里的伙伴会叫我大哥，我带着大家一起做任务升级，那一刻我才觉得自己有价值。但在现实生活中，我很少能得到肯定，也不善于沟通和交流。因此，只有在虚拟的网络世界，才能够让我找到存在感和价值感。"

所以，对于这个学生来说，他想玩手机、玩游戏，其实真的只是为了能够让自己的生命更有价值，手机恰恰能满足现实世界满足不了的他的需求。其实，不仅仅是价值感，手机还可以满足孩子很多方面的需求。比如，发泄的需求、社交的需求、被尊重的需求、被关爱的需求、审美的需求、创造的需求等。

3. 手机是时代发展的必然趋势

之前被邀请去学校给学生上课，课间我发现一个学生好像很不合群，同学之间说话，他也插不上嘴。了解以后才知道，原来是因为同学们玩的游戏，他从来都没有玩过，在家里一直不被允许玩手机、看电视。因此，当同学们说到某个游戏的时候，他只能在一旁静静地听着，而这个学生也一直被孤立。

对于这个时代，手机实际上就相当于"70后""80后""90后"年少时期玩的跳皮筋、过家家。因此，对于现在的少年，不会玩手机，

反而可能会被排斥。

4. 家长经常看手机，给孩子做了一个负面榜样

生活中经常会有这样的场景，家长吃完饭后，一屁股坐在沙发上捧着手机眉开眼笑，有的还笑出声，甚至在孩子学习的时候，家长都在一旁玩着手机，嘴里却嘟囔着让孩子快点写作业。

但我们对孩子的教育从来都不是靠我们说了什么，更是看我们做了什么。家长这样的状态，就是在告诉孩子：手机比写作业有意思。所以，你是什么样的状态，也决定了你的孩子是什么样的状态。

2.5.3 想让孩子放下手机，我来教你手机使用三步曲

对于手机，并不是不可以玩，而是要有节制地玩。并且，要学会管理和运用手机，让手机成为一个工具，一个让生活变得更美好的工具。

因此，下面要教给家长们关于手机使用的三步曲，掌握这三步，让孩子成为手机的主人。

第一步：玩之前约定时间

很多家长在让孩子玩手机的时候，经常会说："好吧，那你只能玩一会儿哦！"但"一会儿"究竟是多长时间呢？

每个人心里的认知都不一样，有的人觉得"一会儿"是10分钟，也有人觉得是20分钟，还有人觉得是1个小时，甚至是两个小时也有可能。

所以说，"一会儿"是一个模糊概念，而一个模糊概念，必然就容易引发分歧和冲突。

比如，在家长心里，觉得孩子玩了 20 分钟，就已经是"一会儿"了，但孩子心里的"一会儿"是 50 分钟，那造成的结果就是家长很生气，孩子也不开心。

所以，在玩之前，家长一定要跟孩子约定好明确而具体的时间，这样我们就不会因为模糊的时间概念而产生分歧。

同时，我还推荐家长，可以让孩子自己定上闹钟。比如，玩 30 分钟，孩子可以定两个闹钟，一个 27 分钟，一个 30 分钟。27 分钟的闹钟是提醒自己，还有三分钟可以收尾，避免出现还在兴头上就戛然而止的情况，这样可以让孩子更好地遵守时间约定。

第二步：玩的过程中，不随意干扰

在现实生活中，有一部分家长喜欢在孩子玩的过程中干扰孩子，一会儿给孩子送点吃的，一会儿让孩子帮自己拿个东西。这种情况下你会发现，即便到了约定的时间，孩子也不愿意痛痛快快地放下手机。因为在他心里，他觉得根本没有玩够约定的时间。

在我带学生的过程中，我会告诉他们："我愿意尊重你们，我承诺你们的时间，你们自己掌握，但到点之后，大家都要放下手机。"之后就不会再去打扰他们，基本上 90% 的学生都能做到心甘情愿主动放下手机。

第三步：到点温柔而坚定

即使我们前两步做得很好，也依然有可能出现到了时间点，孩子并不愿意痛痛快快放下手机的现象。其实，有这种情况也是正常的。而我们家长需要做的就是温柔而坚定。家长可以看着孩子的眼睛，温柔而坚定地告诉他："孩子，到约定的时间了，需要放下手机。"

当你足够坚定，你会发现孩子也愿意配合。因为这就是一场心理博弈，孩子是用这样的方式试探你的边界和底线，谁更坚定谁就赢了。

而在面对孩子不愿意放下手机时，家长容易产生两种错误的处理方式。

第一种：大声斥责孩子说话不算数。面对孩子做不到的时候，家长会气急败坏指责孩子，斥责孩子说话不算数，答应了做不到。而家长强烈的指责，也会激起孩子的自我保护意识，产生强烈的对抗情绪，而这份对抗也会让孩子更抗拒交出手机。

第二种：没有原则和底线的妥协。当孩子不交出手机的时候，有的家长会因为孩子哭闹、说好话、耍赖，就放弃了自己的原则和底线，又允许孩子继续去玩。这份没有原则和底线的妥协，也是在告诉孩子，家长没有边界感，可以任由自己拿捏。

做到以上三步，孩子基本上都能够合理地使用手机。还有一些沉迷于手机而无法自拔的孩子，我们要如何让他放下手机呢？

其实没有放下，只有替代。

有一个人走在路上，捡到了一块铜砖头，值500块钱。这时候，有一个行人跟他说："你放下那个铜砖头吧！"大家觉得这个人会放吗？

不会放的，但如果行人跟他说："你放下铜砖头，我将给你一块价值 5000 块钱的银砖头。"你觉得他会不会放？

一定会放的，当他放下铜砖头、捡起银砖头的时候，行人又让他放下银砖头，他一定又不愿意，对吗？

但行人告诉他，如果你放下银砖头，我将给你一块价值 50000 块钱的金砖头，这个人立马就会放下。

通过这个小故事想告诉大家一个道理，生命中没有放下，有的只是替代。如果你想让孩子放下手机，就要找到比手机更有价值的事情让孩子去做。

不要企图去剥夺别人的选择，而是给别人提供更有价值的选择，每一个人都会倾向于那个对自己价值更大的选择。

有人怒斥是手机害了一个时代的孩子，甚至觉得商家暂停了所有游戏孩子就好了，但这并不是全部的真相。手机不是原罪，因为没有手机，还会有电视、小说、漫画等，只要孩子认为这个东西比读书有意思，就足够所谓"毁掉一个时代的孩子"。

与其在这里给手机定性，还不如思考如何给孩子提供更高的价值选择。

当孩子见识越多，就越对低级的刺激不敏感。眼界的提升，会让孩子发觉过去非常执着的喜欢的东西，不过是沧海一粟。对于沉迷手机的孩子，你真正要做的是想办法去唤醒他们内在的动力，激发他们的梦想，提升他们的格局。

当孩子内心更有力量，知道自己要什么的时候，就会表现得更有追求、更有目标。

沟通锦囊

对于孩子沉迷手机的现象，再给大家提供一个超级有效的沟通方法——反向求助法，我们以开篇中的孩子为例。

（1）孩子，我需要你的帮助，妈妈发现自己最近总是想刷视频，我感觉自己好像有些沉迷手机了。（找一个家长自己被手机困扰的状态）

（2）每次刷视频的时候是挺爽，但是每次刷完以后就感觉心里特别空虚，而且越刷视频，越感觉现实生活很无聊。（玩手机过多带来的负面结果）

（3）你平时玩手机有这样的感觉吗？（了解孩子心里的想法）

（4）你能不能帮妈妈出出主意，怎么才能减少刷视频啊？（和孩子一起头脑风暴，找到少玩手机的方法）

（5）太棒了！儿子，这些方法还需要你陪着妈妈，一起学会有节制地玩手机。（制定几个科学合理的方法，营造好的家庭氛围，一起回到现实生活中创造价值感、幸福感）

第 3 章　学习动力

这样表达让孩子自动自发

3.1 孩子不喜欢老师，怎样说让孩子处理好师生关系

☀ 情景重现

女儿放学后，刚上车就气呼呼地对妈妈说："我们语文老师太令人讨厌了，我讨厌死他了，哼！"妈妈见状便不忙着开车，耐心地询问孩子怎么回事。

女儿抱怨道："今天他当着全班同学的面，批评我字写得不好看，而且说得还很难听。"妈妈赶紧安慰道："老师指出你的问题，也是为了你好啊。"

女儿依然很生气地说："他总是挑我的毛病，反正我不喜欢他，他的课以后我也不想听了。"妈妈陷入了沉思，想继续说点什么，可又不知道该怎么说。

这个问题在之前其实并不被家长重视，但随着大家认知水平的不断提升，对这个问题的重视程度越来越强。

3.1.1 为什么要处理好和老师的关系

有的人也许会想，去学校是学习的，又不是去搞关系的，好

好学自己的功课就好了，做这些没用的干什么呢？

之前，可能确实"没用"，因为那时候大家身边有太多通过上大学改变命运的案例，所以学习动力普遍比现在的孩子要强。可是，现在的孩子，生活条件都很好了，基本的生理需求和安全需求早已被满足，他们开始更注重感受，一旦感受不好就容易撂挑子。

所以，当孩子感觉这个老师不好的时候，就会从心里开始抵触，甚至不喜欢这个老师教的学科，直接和老师对着干等，成绩自然就会下降。

给大家介绍一个水流理论。我们都知道，在没有外力的干预下，水是从高处往低处流的。当我们摆正位置，把老师放在心理高位，自己谦卑地居于低位的时候，老师的智慧才能流到我们身上；当我们开始讨厌老师、瞧不起老师的时候，我们就处在了心理高位，而把老师置于了低位，老师的智慧无论如何也流不到我们身上了。

所以，只有处理好和老师的关系，只有发自内心地喜欢、尊重老师，才能链接到老师的能量，才能链接到老师这个身份背后所承载的知识和智慧。

3.1.2 听到孩子说不喜欢老师，家长必须注意的三个要素

任何行为背后，一定是有正向动机的。当发现孩子不喜欢老师的时候，家长需要静下心来和孩子沟通，沟通时家长必须注意这三个要素。

1. 及时了解孩子不喜欢老师的原因

要解决孩子不喜欢老师的问题，必须分析清楚具体的原因，找准问题所在，才能制定出相应的解决方案，也才会有的放矢。当孩子告诉家长不喜欢老师时，家长可以带着好奇心向孩子询问原因。

是不是受到了老师不公平的对待？当众被老师批评了？老师不提问自己，感觉被忽视了？觉得老师讲课太枯燥无味，不喜欢？又或者是觉得老师布置的作业太多，很有压力？

2. 沟通过程中，不要试图否定孩子

在倾听过程中，家长容易先入为主，站在老师的角度说话，比如说：老师都是为了你好，老师怎么不批评别人，一定是因为你哪里做错了！这样的话会让孩子觉得自己不被家长理解，从而不愿意向家长敞开心扉。

因此，在与孩子交流的过程中，家长一定要克制自己，听孩子把话说完，不要否定孩子的情感体验和判断，尊重孩子的感受，也不要用成人的眼光去指点教训孩子，引起和孩子的冲突。

3. 允许孩子充分表达负面的情绪感受

很多情况下，当孩子说不喜欢某一个老师时，他可能只是需要一个倾诉对象，把自己的一些负面情绪发泄出来，这时孩子需要的是懂得、理解、尊重。

你只需要适时地陪伴他，并且共情他的感受，让孩子知道，不管他遭遇什么，父母都是懂他的人，值得他信任的人。

3.1.3 如何正确引导孩子喜欢老师

1. 倾听孩子的心声，让孩子感受到你对他的理解

在面对孩子说不喜欢老师的时候，很多家长会习惯性地说老师都是为了你好，要不是为你好，才懒得管你呢！肯定因为你哪里做得不好，老师才会批评你。

当我们用这种态度对待孩子的时候，孩子就会觉得爸爸妈妈根本不理解我，对父母感到失望，甚至还会觉得家长和老师都是一伙的，都不值得信任。

作为家长，在任何时候都一定要懂得先去倾听孩子，不要急于做判断。因为在任何行为背后，都一定有他的感受和想法。

当你能够理解孩子背后的情绪，孩子才会觉得你和他沾在一边，自然就愿意接受你对他的引导。

2. 老师也是不完美的，每个人都有自己要成长的地方

很多时候孩子不喜欢老师，是因为内心对老师有很高的期待，总觉得老师要把所有的事情都处理好。但他忽略了，其实老师也是不完美的，他也有很多自身的局限性，有自己需要成长的方面。

所以，作为家长，不需要过度地美化老师，而是要让孩子认识到，老师和我们一样，有他的优点，也有他的缺点，他也希望把每一件事做好，但也有做不到的时候。

家长可以引导孩子："就像你，也一定希望自己每次可以考得很好，但有的时候，不是希望就一定能做到，每个人都只能做到在那个当下自己所能做到的最好。"

所以，有的时候老师发脾气，是因为那一刻他很脆弱，他非常需要帮助，想用他的情绪来唤醒学生的配合，让学生能听他的话。

3. 引发换位思考

有的时候我们之所以觉得自己很委屈，是因为我们只站在了自己的角度，当我们能够切换到老师的角度，就会对老师的行为有更多的理解。

比如，我们可以经常问孩子：如果你是那个老师，遇到同学上课不认真，会怎么来处理呢？如果让你来讲这一节课，你觉得从哪些方面入手来设计会更好？如果是你发现不管自己讲什么，下面依然闹哄哄的一片，你会有什么样的情绪感受呀？

通过换位思考，孩子更能够从老师的角度去理解，老师为什么会这样做事，老师有什么样的难处。

当孩子能够找到比老师更好的处理问题的方法时，我们要给予孩子肯定，告诉孩子："这确实是一个非常好的方法，妈妈也觉得这个方法更有智慧，你是怎么想到这样好的方法的呢？"

还可以鼓励孩子，找到合适的契机，把自己的想法表达给老师，让老师更懂孩子的心理，提高自己处理问题的能力。

4. 引导孩子专注于自己的目标

我们要让孩子知道他去上学的目的，不是和老师对抗，哪怕老师有很多不足的地方，孩子也需要时刻记得，自己去学校的目的是学习更多的知识。

学会把老师这个人和他所教的课分开，尽可能把不喜欢老师的负面影响降到最低，让孩子不能因为不喜欢老师，就不上老师所教的那门课。

让孩子任何时候都能够专注于自己想要的，可以帮助孩子更快地从负面情绪中走出来，学会以目标为导向，调整自己的行为，取得好成绩。

5. 所有的不喜欢，都是来修炼我们自己的

在每个人的人生里，都会遇到喜欢的人、事、物，但也一定会遇到不喜欢的。对于有些不喜欢，我们也许可以避开，但有一些我们只能选择去面对。

教会孩子直面人生所有的真相，是一堂非常重要的课程。一般我都会送给学生一段话：愿你有勇气去改变你想改变的，以平静的心接纳你不能改变的，同时更有区分这二者的智慧。

当你不能改变老师的时候，就努力去改变自己，提升自己的适应能力、抗挫折能力，让这个不喜欢的老师成为对你人生的一份修行。

在这个过程中，也许你会通过不断的接触，越来越喜欢这位老师，也可能继续不喜欢。但在这个过程中，你超越了你自己，收获了好的成绩，甚至考上了理想的学校。

只有处理好你不喜欢的事，才会更有能力做好你喜欢的事。

6. 创造机会，让孩子感受到老师对他的喜欢

在人际关系里有一大秘诀：人都喜欢喜欢自己的人。

当我们发现孩子不喜欢老师的时候，家长要主动多和孩子的

老师沟通，以尊敬、虚心的态度倾听老师的话，了解孩子在学校里的表现，设法取得老师的帮助和支持。

麻烦老师多关注孩子，包括提问、鼓励、肯定。如果能设法让老师给予孩子一些帮助，比如主动找孩子谈话，与孩子说话时表情语调亲切些，能够看到孩子做到的一些好的行为等，这些都能改变孩子对老师的看法，因为我们对喜欢自己的人都会更有好感。

当然，家长也可以适度构建"善意的谎言"，替老师"夸奖"孩子，以事实为依据，适当地美化一部分老师对孩子的欣赏，但千万不要过度。

比如，告诉孩子，"刚才老师给我打电话了，说今天你听课非常认真，老师都看在眼里了""老师告诉我，你最近又进步了，这背后一定有你的付出和努力"……

沟通锦囊

在遇到孩子不喜欢某个老师的时候，高效沟通 = 水流理论 + 三个要素 + 正确引导。首先，通过水流理论，我们自己要意识到孩子不喜欢老师的重要影响。然后，及时了解具体原因，而不是直接否定指责，要允许孩子充分表达。最后，通过正确的方式，逐步引导孩子喜欢老师。

3.2 孩子偏科，怎样说让孩子全面发展

☀ 情景重现

一次初中生家长会结束后，班主任叫住了男孩的妈妈："你家孩子其他科目成绩都很好，可就是这个数学，一直上不去，所以他的整体成绩也受到了很大的影响。"

男孩的妈妈长叹了一口气，说道："这孩子小学的时候也不偏科啊，数学成绩也还不错，现在这是怎么回事呢？"

"你们最好和孩子好好聊聊，他现在学得很吃力，眼看就要跟不上了，如果这样偏科下去，考一个重点高中很难。"班主任语重心长地说道。

谢过班主任后，男孩的妈妈带着思虑走出了教室。

3.2.1 越来越普遍的偏科现象

一说到偏科，很多家长都会头疼，因为偏科并不是个别孩子才会存在的问题，很多孩子和家长都因为这件事感到无比焦虑和困扰。

据专业统计，约有 21% 的小学生有偏科现象，到了中学，偏科学生人群上升至 80%。

由此可见，偏科是越来越普遍的现象，但偏科对孩子的学习成绩乃至未来的升学影响非常大。所以，一定要引起足够的重视。

管理学家劳伦斯·彼得曾经提出了一个非常有名的木桶理论，也叫短板理论，说的是一个由多块木板构成的水桶，其价值在于其盛水量的多少，但决定水桶盛水量多少的关键因素不是其最长的木板，而是其最短的木板。

对于学习也是一样，如果孩子某一科特别差，偏科的短板很明显，即使其他学科再好，对于这个孩子的整体成绩和未来发展而言，都会有很大的影响。

因此，作为家长，要充分认识到偏科对孩子的危害，找到孩子偏科的原因，从而帮助孩子找到解决偏科的有效方法。

3.2.2 孩子偏科的五大原因

1. 不喜欢授课老师

生活中有很多的孩子，之所以偏科，其实就是因为讨厌那个科目的老师，然后连带着老师所教的那一门课也不喜欢了。曾经就有同学告诉我："我太讨厌物理老师了，我就是不上他的课，气死他。"

其实，这种想法很幼稚。我们以为通过不学这个老师的科目，就能够达到回击老师的目的，但实际上，伤害的只有你自己。因为你考得好不好，对自己的影响是最大的。

2. 家庭环境的影响

人是环境的产物，而家庭是孩子最重要的环境，孩子的思维、行为受父母的影响非常大。

脑科学显示，在人类的大脑神经元中，有一部分神经元叫"镜像神经元"，它会在我们看到别人做出某种行为的时候被触发。

镜像神经元会"镜像"被观察者的行为，就好像观察者自己在做同样行为似的。它会让我们无意识地模仿身边的人和事，倘若你周围的人经常做某件事，那你也会不自觉地跟着做。

假如父母特别爱看书，那么孩子在这种家庭文化的熏陶下，也会更爱看书；从小对理科很感兴趣的父母，会更注重孩子理性思维的发展，孩子在学习数学等方面就会更加得心应手。人在哪方面取得了成就，就会更愿意在那方面花时间。

所以，作为家长，一旦发现孩子出现偏科现象，要及早地干预，毕竟学习是用旧知识解释新知识的过程，如果放任不管，偏科的现象只会随着时间的推移越来越严重。

3. 大脑发育特点的影响

心理生物学家斯佩里，通过著名的割裂脑实验，证实了大脑不对称性的"左右脑分工理论"，并因此荣获 1981 年诺贝尔生理学或医学奖。

通过实验得出结论，左半脑的思维方式具有连续性、延续性和分析性，主要从事逻辑思维，可以称作"意识脑""学术脑""语言脑"；右半脑的思维方式具有无序性、跳跃性、直觉性，主要从事形象思维，可以称作"潜意识脑""创造脑""艺术脑"。

所以，左脑比较发达的学生更擅长逻辑思维，擅长于文字，擅长处理学校的各种考试，逻辑思维能力更强，包括局部信息的把握能力也是非常强的；而右脑比较发达的学生更擅长形象艺术，这种思维方式是非逻辑性的，是那种创造性和跳跃性的，一般在音乐、美术、体育等方面比较占优势。

4. 自身的兴趣爱好影响

很多时候，孩子偏科最主要的原因是受自身兴趣的影响。如果孩子对一门科目不感兴趣，在这门科目上取得的成绩，也就不如自己感兴趣的科目取得的成绩好。

相对而言，他会在自己感兴趣的科目上花更多的时间，自然取得的成绩也就越好；而不好的那门科目则表现得越来越没有兴趣，日积月累，偏科的现象就越发严重。

5. 学习方法不当

方向对了不怕路远，方向错了越走越远。我们也经常会发现有一类学生，明明学得很努力，但是这一科的成绩就是上不去，其实就是没有掌握有效学习这门科目的方法。

比如，在学习英语的时候，我们真正要做的其实是根据音标去记单词，这样就记得很快。但有的学生在学习英语的时候，就是死记硬背，这个单词由什么字母组成，把它记下来，造成学得很累，效果也不好。

3.2.3 RB4T 法改善孩子偏科现象

1. 关系（Relationship）：改善和老师的关系

亲其师才能信其道，信其道才愿受其教。一个孩子如果不喜欢老师，也就会讨厌老师所教授的这门学科。如果孩子是因为不喜欢老师从而产生偏科，家长首先要做的是了解孩子的真实想法：孩子为什么会讨厌老师，为什么讨厌这门科目。

当孩子提到讨厌老师的时候，作为家长一定要注意，不要一上来就告诉孩子"老师都是为了你好"这样的话，因为这样说只会让孩子觉得你根本不懂他。要放下评判，去听听孩子心底里的声音，再引导孩子，把学习科目和授课的老师分开。

这一部分内容，可参见第 3 章 3.1 的具体表述。

2. 信念（Belief）：破除限制性信念

很多孩子出现偏科之后，内心会产生一种感觉——这一科我是学不好了，我在这门科目上没有天赋和优势。甚至很多家长也会因此对孩子说，你这一科就是不行，我们家的人理科都不好。而这些负面的话，都会进一步强化孩子负面的限制性信念。

这种觉得自己学不好的限制性信念，会导致孩子从内在就开始放弃这门学科。所以，我们要让孩子相信，他拥有学好任何一科的能力，帮助他打破内在的限制性信念。

3. 测试（Test）：左右脑测试

我们可以带孩子去做一些相关的测试，来了解脑结构的特点，清晰他的优势脑是什么。当发现他的非优势脑的时候，就可以去做一些针对性的强化训练。比如，发现孩子内在思维逻辑不够强，就要做一些思维逻辑的相关训练。

这个测试，一般在孩子小一些的时候去做会比较好，可以通过测试增强他的信心，让他知道自己拥有某些方面的能力，即使他没有，也可以通过善意的谎言，一方面激励，一方面针对性训练。

4. 兴趣（Taste）：主动培养兴趣

可以让孩子跟不喜欢的那一门学科做一些对话，释放内心的紧张焦虑感，去改善自己和这一门学科的关系。

比如，孩子不喜欢英语，就可以想象着和英语聊聊天，把英语想象为一个卡通人物，或者一个非常喜欢的形象，跟他说，其实自己很想学好英语，也希望他给自己一些支持。可以用这种方式去调整孩子和英语的关系。

5. 方法（Technique）：调整学习方法

当孩子某门学科学得不好时，我们要看一看他的学习方法是否真的合适。

如果确实是学习方法存在问题，我们可以请教在这门学科教得特别好的老师，请他根据孩子的情况给一些支持性的建议，以及设计一套更加适合孩子的学习方法，然后慢慢地让孩子去掌握一套属于自己的学习方法。

6. 目标（Target）：制定合理的目标

合理的目标，能够给孩子带来持续的动力。针对偏科的科目，要对自己有清醒的认知，目前水平是什么样子，接纳自己的现有水平，然后制定合理并切实可行的目标，在接纳自己真实水平的基础上，一点点来提升。

不需要和别人比较，只要自己做到了、有进步，就要在心里给自己点一个大大的赞，告诉自己，我克服了阻碍和困难，及时给自己正向的反馈，这有助于产生持续的热情。

📣 沟通锦囊

当孩子出现偏科现象时，**高效沟通 = 了解原因 +RB4T 法**，不能看到孩子某科成绩不好就希望通过指责批评或者没有意义的激励去改善现状。造成偏科的原因有很多种。首先，家长要真正深入了解自己孩子偏科的具体原因。然后，在 RB4T 法中找到适合自己孩子的方法，通过践行实操来改善孩子的偏科现象。

3.3 孩子不想写作业，怎样说让孩子主动学习

☀情景重现

晚饭过后，妈妈看到还在沙发上玩手机的儿子，气就不打一处来，"快给我写作业去，看看都几点了！"

儿子慢悠悠地往自己书桌走去，半天才拿出课本进入状态，可才写了没一会儿，就又跑出来了，"妈，我出来拿个酸奶喝。"过了没多久，又跑出来上厕所……

妈妈实在看不下去了，毕竟时间也不早了，于是来到儿子书桌前准备监督，可刚坐下，发现儿子才做了几道题，瞬间爆发了，"天天不想写作业，别人 8 点就能写完，你每天都要搞到 11 点，还有你看，谁教你的九九五十四啊，用点脑子行不行！"

被批评的儿子哭喊道："我就是不想给你写作业，太无聊了，要写你自己写吧。"两人怒目相对，一个痛苦的夜晚又开始了。

对于孩子的这种情况，不由得让我想起了一句话，"不写作业母慈子孝，一写作业鸡飞狗跳"，好像写作业成了破坏亲子关系的第一"杀手"。

3.3.1 不愿主动写作业的深层次原因

不管是家长，还是孩子，是否愿意做一件事情，核心在于内在动力。很多孩子之所以不愿意写作业，就是源于缺乏写作业的动力。

根据心理学家爱德华·德西和理查德·瑞安提出的"自我决定论"，想要激发人的内在动力，需要满足三大内在心理需求。

第一，自主感。就是需要对环境和自我有一定的掌控能力，孩子需要自己掌控和决定自己的行为，拥有选择权。

第二，胜任感。就是通过操纵环境达到预期目的的成就感，从心底里产生我能行、我可以、我最棒的感觉。

第三，归属感。就是我们需要和周围的人产生联系，在集体中找到归属感。

然而，孩子不愿意写作业的最根本原因是，写作业不能满足孩子三种心理需求中的一种或多种。

3.3.2 动力三感，帮助孩子主动学习

1. 自主感 ——"让我做决定"

自主感即自主的心理需求，是指人需要自己掌控和决定自己的行为。但我见到很多孩子在写作业的过程中，是没有获得这份自主感的。

孩子放学回来刚坐下，家长就说赶紧写作业去，先写语文再写数学，发现孩子写错了，孩子自己还没反应过来，家长就先指出来了。

总是以命令和要求的方式告诉孩子，你要做什么，不要做什么，这个怎么学得听我的。从来没有问过孩子你要不要做什么，你想做什么，接下来你准备怎么做。

因此，很多孩子在写作业时，感受到的是老师的命令、家长的规定，自己没有一点点的控制感，因而从心底里产生排斥。

我曾经辅导过一个小女孩，就是利用自主感，帮助她重新爱上了写作业。

每次放学回家之后，她都会自己选择先玩一会儿，等她想要写作业的时候，我就会让她给我打个电话，然后陪她一起梳理，今天都有哪些作业，她准备先做什么，每项作业计划用多长时间，中间要不要休息等，她会把这些计划都告诉我。

就这样，她写作业时的愉悦性和积极性都提升了。其实，不管孩子先写哪个后写哪个，最终她都把作业写完了。

所以，想让孩子觉得学习是自己的事，写作业是自己的事，就要给孩子相应的自主性，能够自己做决定。对于孩子来说，别人做决定的事都不是自己的事，而做别人的事积极性就会大打折扣。

2. 胜任感 ——"我能行"

很多孩子在写作业时，都会遇到困难。比如，发现自己不会做，或者说写得特别慢，又或者是写完之后得到的反馈是家长的挑剔："这几道题怎么又错了？字迹也不工整……"这都剥夺了孩子的胜任感。

对于家长来说，希望孩子把作业写好，把题都做对，这种心理是能理解的，但掌握一个知识是需要反复练习的。在写作业的过程中，孩子有不会和做得不到位的地方，其实很正常。

家长过度的严格要求，反而会让孩子很有挫败感，觉得自己的努力不被看到。尤其是对一些学习成绩比较薄弱的孩子来说，在写作业时，既有来自作业本身难度大的压力，又有做错被父母批评的担心和害怕，好不容易写完了，可能还得修改。在这样的压力之下，孩子肯定很难爱上写作业。

因此，当孩子写完作业时，不要急于挑毛病，先对写作业的过程给予一份正向反馈，让孩子知道他是可以做到的，给他胜任感。

3. 归属感 ——"我需要支持"

很多家长经常因为写作业的问题和孩子吵个不停，甚至有的家长说："我要是不叫你，你根本就不知道写作业！"气得孩子带着情绪回到自己房间，即使关上门也静不下心来写作业。

还有的家长让孩子写作业时，自己却在旁边看着电视或玩着手机，时不时还发出阵阵笑声。这样，孩子从你这里得到的就是负向支持，他会觉得玩手机玩游戏比写作业好。

当然也有的家长会陪孩子写作业，但孩子好像还是不愿意写，效果也不好。其实，不是陪伴本身出了问题，而是陪伴的方式出了问题。

父母陪着孩子写作业，如果父母是大灰狼，孩子是小白兔，小白兔肯定害怕写作业。如果父母也是一只小白兔，陪着另一只小白兔写作业，那么小白兔就会觉得被支持，会很开心地把作业写完。

我提议，家长一定要给孩子提供有支持力的学习环境。比如，孩子在写作业时，你可以在旁边捧一本书看；可以在孩子写完作业之后，拍拍孩子的肩膀或者给他一个拥抱。

所以，想要孩子积极主动地写作业，我们可以基于这三大心理需求来想办法，最后再给大家总结一下支持孩子高效写作业的技巧和方法。

3.3.3 高效写作业实用技巧之 SGMD 法

1. 写作业前的梳理拆分（Split）

很多时候，孩子之所以不想写作业，是因为感觉作业又多又麻烦，如果我们能帮助孩子养成拆分梳理的习惯，孩子就更容易进入写作业的状态。

每一次写作业之前，都需要让孩子对当天的作业做一个梳理。家长可以提前打印作业计划表（见下表），表格可以包含当天总共有多少项作业，作业的先后顺序，每项作业计划用时、实际用时，总的计划时间，做作业过程中碰到的问题，需要提升的部分，等等。

作业计划表					
作业顺序	作业名称	计划用时	实际用时	遇到的问题	需要提升的部分
1					
2					
3					
4					
…					

2. 把写作业变成好玩的游戏（Game）

人都喜欢新鲜、有趣、好玩的事物，对于写作业也是一样。我们可以通过游戏化的设计，增加写作业的趣味性，从而让孩子爱上写作业。

比如，将写作业设计成盲盒游戏，把每一项作业分别写在一张纸条上，再把每一项奖励也分别写在纸条上，如休息十分钟、喝一杯牛奶等。作业和奖励的比例大概是 5:1，让孩子随机抽取，抽到哪一项就做哪一项。这样，写作业就变成了一个好玩的游戏，能够从心理上减轻孩子的排斥感，调整孩子和作业的关系。

还可以把写作业设计成一个通关游戏，开始写作业这个动作，就相当于按下了游戏的开始键。可以根据不同作业的难度系数，设置不同的分数，如果能在计划的时间内完成，就可以增加相应的分数。另外，也可以基于准确率、字迹工整程度等，额外设置奖励分数。最后，给自己计算一个总分，根据提前设定好的规则，总分分别达到多少，就可以给自己相对应的奖励。

这样，即便当天作业很多，孩子也会觉得可以拿到更多分数，从而更愿意去挑战。

3. 培养写作业的主人翁意识（Master）

也有很多孩子，之所以不想写作业，是因为他内心觉得是在为父母学习。孩子考得好的时候，父母比孩子都开心；当考得不理想的时候，父母比孩子都难过。这就给孩子造成了一种感觉，我学习是给父母学的。

所以，作为父母，一定要强调学习、写作业是孩子自己的事情，不是在为爸爸妈妈而做，引导孩子成为学习行为的主人翁。

4. 制定明确的写作业截止时间（Deadline）

很多孩子之所以写作业时磨磨蹭蹭，是因为他觉得，反正还有的是时间，哪怕晚一点也没有关系，结果每天都写到很晚，而且匆匆忙忙敷衍了事。

家长可以设置一个最晚截止时间，到点之后就不能再写了，哪怕没有写完，也要自己跟老师交代。让孩子学会为自己做的每一件事情负责任，这有助于提升孩子写作业时的主动性和责任心。

沟通锦囊

当孩子不想写作业的时候，高效沟通 = 动力三感 +SGMD 法。首先，通过自我决定论，培养孩子在写作业这件事情上的自主感、胜任感、归属感。然后，运用高效写作业的 SGMD 法，让孩子主动爱上学习。

3.4 孩子得过且过，怎样说激发孩子的梦想

☀情景重现

周末的清晨，妈妈兴奋地对男孩说："儿子，今天我带你去郊外放松放松吧。"男孩面无表情冷冷地说："不去，没意思。"

"要不我们去游乐场，或者看电影？"妈妈继续开心地说道。可男孩依然不为所动，"幼稚、无聊。"

妈妈有点失望地问道："那你有没有比较感兴趣的事情，或者未来有没有什么梦想，我们现在就可以做一些相关的事情呀。"

男孩不屑地摇了摇头，说："梦想？有什么用，又实现不了。哎，无所谓了，过一天是一天吧。"

妈妈看到男孩当一天和尚撞一天钟的样子，真的是既心疼又无助。

其实，孩子之所以表现出一副浑浑噩噩无所谓的样子，最根本的原因就是没有梦想！

3.4.1　你不屑的梦想竟有这么大作用

提到梦想，大多数人会觉得是一个很空、很虚、很大的概念。但其实对于孩子来说，梦想是成长的内在动力。科学家史蒂芬·霍金说："人若没有梦想，不如死去。"梦想真的非常重要，对于孩子的成长更有不一样的意义。

很多家长觉得教育孩子太难了。是的，不仅家长觉得难，孩子也很痛苦。其实，孩子就像一辆小汽车，发动机熄火，甚至还拉着手刹，踩着刹车，而父母拼了命地在后面推着小汽车前行，最后的结果就是父母累得全身冒汗、筋疲力尽，小汽车的轮胎也被磨破了。

最智慧的做法是什么？是启动发动机，松开刹车。发动机就是孩子的内在动力，就是孩子的梦想。一个人能够坚持并做好一件事，一定是基于内在动力，绝非迫于外在压力。当孩子有了梦想，象征着叛逆、迷茫等问题的刹车自然就会松开，这时候还需要父母在后面卖力地推吗？根本不用！

在青少年心灵成长的教育咨询生涯中，我深入研究，发现很多孩子之所以眼神无光、迷茫失落，其实就是因为没有梦想。一个人没有梦想，就会在精神世界流浪；一个人没有梦想，就会在现实世界迷茫。而一个人建立了梦想，就会拥有方向、力量和希望。这三种品质将帮助孩子去创造精彩的人生。

3.4.2　浇灭孩子梦想的两大罪魁祸首

在孩子小的时候，当问他"你的梦想是什么"时，他都会非常兴奋地和我们聊。可是，随着孩子慢慢长大再问他的时候，我们会发现，很多孩子竟答不上来，他们开始逐渐失去了梦想。究竟是什么让我们丢掉了那个曾经满怀憧憬的少年呢？

1. 外部攻击

孩子创造梦想的能力与生俱来，不需要去教就会有很强大的想象力，甚至会有很多稀奇古怪的想法。可是，很多父母因为自己本身存在的缺失，不仅自己不敢去想，当孩子有梦想的时候，还会去嘲笑和压制。

比如，有的孩子说"我未来要发明一种药，当滴到大地上，就会开出美丽的花朵"，多么美好啊，有的家长却会说"这怎么可能，别胡说八道了"，一句话就把孩子的梦想扼杀了。

再比如，有的孩子说自己以后的梦想是当一个伟大的科学家，有的家长就不屑地说"你可拉倒吧，你看看你的数学成绩，有时候都考不及格，以后还想当科学家，做梦吧"。

不管是有心还是无意，这些嘲笑与不屑，都极大地挫伤了孩子的积极性，打破了他对未来、对美好的憧憬。你会发现，从此孩子眼里的光芒少了几分，内心的火苗也在慢慢熄灭。

2. 自我否定

在追寻梦想的过程中，很多孩子慢慢地发现，以自己的能力实现梦想太困难了，甚至不可能实现。开始的梦想虽然让他感到很幸福，但路途中的阻力也让他感到疲惫，慢慢地内心会开始自我否定，甚至最后干脆就放弃了。

其实，这是缺乏对梦想真正的理解。曾经看到过一句话，是这样说的——或许人生没有意义，但寻找人生意义的过程，本身就很有意义。梦想也是一样，也许梦想不一定能实现，但为梦想而努力的过程就很有价值。

人需要有梦想，但不能困于梦想。梦想的意义并不一定是用来实现的，而是用来推动生命成长的，是用来给我们方向、力量和希望的，仅此而已。

我们家长，一定要让孩子明白一句话，"梦想不会发光，发光的是追梦的你自己"。所以，不要去想梦想是否能实现，不要去怀疑自己、否定自己，哪怕未来并没有实现这个梦想，但因为它，推动了你的成长，那就是最有价值的。

3.4.3　梦想三叶草，带给孩子成长的好运

下面我通过曾经运用梦想激发学生的真实案例，来帮助大家理解如何帮助孩子建立梦想。

在我们训练营里，有一堂专门关于梦想的课程，每个学生都要上台分享自己的梦想，但轮到其中一个比较内敛又不自信的学生时，他有些抗拒，不愿意开口，最后通过不断地引导，就听到他说了一句话："说了你们也不相信，还会嘲笑我。"

那一刻我知道，他一定有一个非常伟大，但在大人眼里不切实际的梦想，并且因为这个梦想受到了伤害。

于是，我就看着他的眼睛，很认真地对他说："也许原来别人曾经嘲笑过你的梦想，但那不是你的问题，而且我要认真地告诉你，

每一个拥有梦想的人都是伟大的，而也正是一个个像你这样伟大的梦想改变了世界。"

于是，男孩就说出了自己想要成为圣雄甘地一样的领袖的梦想。当他说完之后，我邀请所有的同学一起为他鼓掌。

然后，我问他："你能和我们大家说一说，为什么想要成为一个伟大的领袖吗？"

男孩说："因为我想让世界变得更好。"

接着我告诉他："这真的是一个非常伟大的梦想，而且透过你的梦想，我能感受到你将会是一个内心有大爱、有力量、有责任感和担当的领袖。那你准备为你的梦想做些什么呢？"

男孩说："要好好地学习。"

我说："嗯，好好学习确实很重要，因为学习会让你更加有智慧，会创造出更多好的想法，还有别的吗？"

男孩说："其他的还没有想好。"

我说："圣雄甘地是一个卓越的领袖，那你愿不愿意从这一刻开始，让自己在团队中活成一个领袖？在接下来六天的课程里，全力以赴地去支持团队里的每一个同学，帮助他们每一个人获得更大的成长和收获。当训练营的每一个小伙伴，因为有了你的帮助和支持，取得了巨大的成长和收获时，你离你的梦想就又近了一步。因为领袖的价值，在于你能给多少人提供价值，支持多少生命的成长。当然，如果你回到生活和学习中，也可以继续这样做。从支持家庭成员开始，再去支持班级里的每一个同学，再成为全校的楷模引领全校的同学，以及更多更多，不断地扩大自己的影响力，给更多人提供价值。我相信，未来的你一定会创造更多的不同，成为你想成为的那个了不起的生命，活出无限可能。最后，老师祝福你梦想成真，也祝福你在实现梦想的这条道路上，持续地自律和坚持。"

其实，对于这个小男孩来说，不管最后是否能够成为圣雄甘地一样的人，这个美好的梦想一定会带给他成长的推动力，因为梦想给生命种下了一颗腾飞的种子。即使这个梦想实现不了，但因为这个梦想，他愿意让自己去做到更多，去支持更多生命，这不就是一件非常有价值而且美好的事情吗？所以说，梦想不一定是用来实现的，而是用来推动生命成长的。

当然，在帮助孩子建立梦想的时候，我们不仅要让孩子仰望星空，更要让孩子脚踏实地。所以，作为一个引导者，我们最后要引导孩子让梦想照进现实。

所以，我会引导他当下从训练营就开始做起，支持好训练营的同学，回到生活中支持家人和朋友，回到班级支持好班级的同学，这些就是现实的部分，是孩子可以做到的，而且他也一定会因为做到这些，让自己变得更优秀。

对于每个孩子的梦想，不管是渺小的还是伟大的，作为家长和老师的我们，一定要去守护孩子的梦想，因为那就是孩子生命的希望，借助梦想去不断遇见一个更好的自己。所以，梦想最终实现与否，不一定是最重要的，那个为梦想拼搏的自己才是关键。

最后，这个小男孩真的进步巨大，因为关于梦想的这一课，他从一个情绪化、自我的孩子，开始调整自己，更好地管理自己的情绪，遇到事也耐心和大家沟通，哪怕是面对有挑战性的活动，依然全力以赴地坚持着，还会主动地关心同学，而这就是梦想带给孩子成长的推动力。

通过这个真实的案例，为大家总结出了梦想三叶草塑造法。运用它，可以有效激发孩子的梦想，进而推动成长。

第一叶：肯定每一个梦想的价值。梦想不分大小，如果你从心里认为有的梦想高尚，有的梦想卑微，那你还没有真正了解梦想。事实上，只要符合伟大、美好、无私这三个特点，每一个梦想就都有非常大的价值。所以，不管孩子跟你说他有什么样的梦想，作为家长都要去发现和发掘其背后的价值，并表达对这份价值的肯定、赞美和欣赏。

第二叶：分析梦想所需的品质和能力。由于自身的局限性，孩子对于梦想可能只有一个模糊的概念。作为父母，非常重要的一个责任就是，让孩子清楚地知道实现自己的梦想需要具备的品质和能力，甚至父母要和他一起去学习。如果父母不去学习的话，就很难引领他。比如，孩子想成为圣雄甘地一样的人，那我们就可以和孩子一起学习《甘地自传》等，引领孩子看到每一个梦想背后的付出和所需要具备的品质及能力。

第三叶：引领梦想照进现实。虽然说梦想不一定是用来实现的，但最终是要为现实服务的，也就是说要落地。我们已经反向推断出实现梦想所需的品质和能力，那接下来就要思考需要做什么来帮助孩子向梦想靠近。通过刻意练习，不断提升这些品质和能力，让孩子聚焦于现实，把梦想落实于学习和生活中，从而对现实产生激励作用。

沟通锦囊

当孩子浑浑噩噩、得过且过的时候，高效沟通＝消灭两大罪魁祸首＋梦想三叶草塑造法。首先，通过对梦想的重新认识，调整自己和孩子对梦想的态度，停止外部攻击和自我否定。然后，积极运用梦想三叶草塑造法，激发孩子的梦想，并让梦想照进现实，激励成长！

3.5 孩子不爱学习，怎样说激发孩子的学习动力

☀ 情景重现

"儿啊，你可要好好学习啊，你妈我就是吃了没好好学习的苦，你看你王姨当年就考上了大学，然后分配了好单位，我就只能靠辛辛苦苦拼搏才换来今天的生活。"妈妈苦口婆心地劝导着身边的儿子。

儿子却不以为然地说："我觉得咱现在过得挺好啊，还拼搏个什么劲，而且我看王姨天天苦着个脸，也没有多幸福啊！"

妈妈没想到孩子竟能说出这些话，一时语塞，最后只能丢下一句："反正，你现在不好好学习，将来找不到好工作，就等着受苦吧。"

儿子不屑地一笑，继续捧起了旁边的手机。

其实，很多家长在教育孩子要好好学习的时候，都喜欢说"好好学习，将来找个好工作"，但是你会发现对这句话，我们的孩子是越来越不"感冒"了。

3.5.1 用了一辈子的宝典，为何失去了神奇的功效

大家都知道，我们的电脑系统、手机软件等都需要经常升级换代、更新版本，却忽略了教育孩子的方法也要与时俱进。如果我们执着于用"70后""80后"的教育方法来教育现在的孩子，就会产生很多矛盾，你会发现原来对我们非常受用的那一套不管用了、过时了！

"70后""80后"生活在一个物质相对匮乏的时代，想让自己拥有更好的生活，学习是最快最有效的方式。因为学习好考上大学，大概率就能得到一个好的工作，这是大家看得见的改变命运最好的方式。

因为自己受益了或者看到别人受益了，就会用这种方式来教育现在的孩子。只是对于现在的孩子来说，他们生活在一个物质丰富、爱丰盈的时代，他们不需要自己去创造就可以吃得很好、穿得很好，有很多的人爱他。所以，他们对父母分享的那一套观念，就不能很好地感同身受。

原来那一套"好好学习，找个好工作"的人生宝典，对于他们就没有多少吸引力了。

根据心理学经典的马斯洛需求层次理论（如下图所示），人的需求有五种，从低到高依次是：生理需求、安全需求、爱和归属需求、尊重需求、自我实现需求。

当我们低层次的需求被满足之后，才会去追求更高层次的需求。

价值观、创造力、责任感、示范带头作用、引领性	自我实现需求
自我尊重、被他人尊重、信心、成就	尊重需求
亲情、友情、爱情	爱和归属需求
人身安全、健康保障、财产安全、工作	安全需求
呼吸、水、食物、睡眠、衣物	生理需求

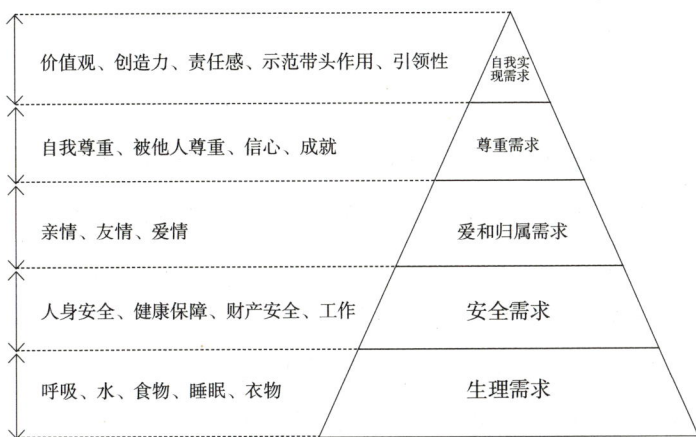

马斯洛需求层次理论

比如，在目前的生活水平下，如果有一个发霉的馒头你会不会吃呢？我想都是不会吃的。那假如把你丢在一个荒岛上，已经饿了三天，身边也没有其他的东西，只有一个发霉的馒头在你面前，你会不会吃？我想你一定是会吃的。

如果我们连最基础的生理需求都没有被满足，又怎么会去追求更高的安全需求呢？那时能够让自己活下来就是我们的目的。而当我们的生理需求被满足的时候，我们有的吃了，才会挑食物，才会考虑这个发霉的馒头吃了安不安全。

对于我们的孩子来说，好好学习找一个好工作还是停留在生理和安全需求上，而这些现在的孩子都已经被满足了，已经被满足的需求对孩子们就没有什么诱惑力了。

所以，需要用更高层次的需求来激励孩子。我们可以考虑从爱和归属需求、尊重需求、自我实现需求，来推动孩子、激发孩子！

3.5.2 丢掉老套路，上三层助力孩子精彩人生

1. 无条件地接纳与爱，给孩子强大的爱和归属

如果我们要从爱和归属这一层次去推动孩子，就要让孩子感受到，父母对他是无条件地接纳与爱，不管他是什么样子，父母都是爱他的。

但往往很多时候，我们对孩子的爱恰是在孩子有好的表现的时候，比如孩子考得好，我们就特别开心，就会去夸赞孩子。当孩子表现好的时候去爱孩子，这是一种锦上添花的爱。

而当孩子表现不好的时候，我们看不到孩子的失落，只关注自己的失望。其实，在孩子脆弱的时候，才更需要父母的支持。如果这个时候父母能给孩子有力的支持，这就是一种雪中送炭的爱。

这两种爱，一种锦上添花，一种雪中送炭，对于我们的孩子来说，一定是雪中送炭的情谊更加宝贵。

所以说，家长对孩子真正的爱，是在孩子有那些不好表现的时候，让孩子感受到，不管他是什么样子，我们都是爱他的，从而让孩子真正拥有安全感。

当家长可以做到雪中送炭时，你会发现这个孩子，他会因为你对他的爱，而让自己做到更好，因为真的不忍心让你失望。

这也是一直以来推动我学习的动力，因为在迷茫时，妈妈都无条件地相信我、爱我。这份爱就是我生命的光，让我有勇气去迎接无数的挑战、困难，最终变成一个更优秀的人。

想要推动孩子学习，先让孩子感受到你无条件的爱，让孩子因为你的爱，而努力去做到更多。

2. 他是一个独立的生命个体，需要你的尊重

从尊重的层面去推动孩子，需要我们把孩子当成一个独立的生命个体来看待，不依附于任何人。就像著名诗人纪伯伦说的："你的儿女，其实不是你的儿女。他们是生命对于自身渴望而诞生的孩子。他们借助你来到这个世界，却非因你而来，他们在你身旁，却并不属于你。"

当我们尊重孩子的时候，就会耐心地去倾听孩子心里的声音，允许他有和我们不一样的想法，不轻易替孩子拿主意，以分享的态度去影响孩子。

曾经有一个小女孩，她养了一条非常可爱的小狗，其他的小朋友看到如此可爱的小狗，就想要玩一会儿，于是问小女孩的爸爸："叔叔，能把小狗给我们玩一会儿吗？"

这个爸爸非常有智慧，没有答应也没有拒绝，说道："这条小狗是姐姐的，你们要跟姐姐商量。"小女孩选择把小狗借给了他们。

小朋友们玩了很久还没有归还，小女孩问爸爸："我能不能把小狗要回来？"爸爸也没有给她答案，只是说："那是你的小狗，你可以决定什么时候要回来。"

虽然是一件很小的事情，却充分体现了爸爸对女儿的尊重。不轻易为孩子做决定，让孩子可以按照自己的想法去做选择。

这位爸爸还说过一段话，也值得我们家长好好地体悟，他说："我从未把她当作孩子，她是一个有思想的人，她有她的秘密、她的想法、她的人生。她不属于我，我们之间是彼此独立的个体，

我不把自己的意志强加于她，我们像朋友一样相处。我要教会她这样是对的，那样是不对的，我不喜欢摆爸爸的架势，在我看来，亲身示范，让她身临其境地体会更好。如果她不做一些事情，她就要承担不做的结果，为自己负责。"

但现实生活中，很多父母不懂得尊重孩子，经常会侵犯孩子的边界，什么都想帮孩子搞定，总觉得孩子还小，什么都不会，觉得自己是爸爸妈妈，孩子就必须什么都听自己的。

很多孩子不爱学习，就是因为在他心里觉得，学习这件事情是父母的事，他是在为爸爸妈妈学习。所以，学起来很累，而且总是想要逃避。

只有当孩子感受到他是在为自己做事的时候，才会更有力量往前走，而这就需要父母足够地尊重孩子。

3. 用生命的价值，撑起孩子了不起的人生

用这个层次去推动孩子，就是要让孩子感受到，自己是带着使命和价值来到这个世界的，他本身就是一个了不起的生命。

而现实生活中，很多孩子并没有从父母那里感受到生命的价值。

就像在梦想那一节提到的案例，我曾问过一个孩子他的梦想是什么。可他就是不想说，因为当他把这个梦想告诉身边人的时候，大家都会嘲笑他痴人说梦，包括他的父母。

通过后面的引导，这个孩子说出了自己想成为一个领袖的梦想，我立刻邀请现场所有人给他点赞。那一刻，他感受到了自己生命的价值。也是从那一刻起，他眼里有了光，脚下有了路，发生了很大改变。

　　所以，作为家长，我们需要经常问问孩子，未来究竟想活成什么样子，想为这个世界做些什么样的事情，带着对这些问题的思考，孩子内在会更有力量。

　　当我们能够从上三层，用美好推动力去推动孩子的时候，孩子内在那股强大的生命力就被我们调动起来了。

🎒沟通锦囊

　　当苦口婆心地劝说孩子还是不爱学习的时候，高效沟通 = 了解需求层次 + 上三层助力法。首先，要了解人的需求层次，清晰低层次需求被满足后，这方面的刺激再强也会失效。然后，及时提升到上三层的维度，用爱和归属、尊重、自我实现来激发推动孩子。

第 ④ 章 **情绪管理**

如何教孩子成为情绪主人

4.1 孩子考试焦虑，怎样说让孩子轻松应考

☀️情景重现

期末考试前的一个深夜，起来上厕所的妈妈透过女儿的门缝，看到里面还有灯光，以为女儿在熬夜学习，于是轻轻地敲响了房门。

结果推开房门，发现女儿在床上坐着发呆，妈妈赶紧在女儿身边坐下："宝贝，你这是干吗呢？怎么大半夜不睡觉？"

女儿无助地说："我也想睡，可一想到明天的考试，就特别紧张，翻来覆去睡不着。"

"老师给我反馈说你平时学得都挺好的呀，不用那么紧张，正常发挥就行。"妈妈继续安慰道，然后把女儿哄睡之后才离开。

可是到了第二天，女儿还是紧张到手脚冒汗，头脑一片空白，平时会的题都想不起来了，最后考得很不理想，垂头丧气地离开了考场。

4.1.1 正确认识考试焦虑

"我感觉这次肯定考不好了""我现在感觉脑子一片空白，

记忆力也好差，背了好几遍还背不下来，怎么办呢""我感觉别人复习得比我好，我还有一些地方没复习完""这次要是考不好，回家怎么见人啊""内容太多了，怎么复习得完，算了不看了"……

以上现象，相信很多孩子都出现过，其实这属于考试焦虑症。考试焦虑症的表现为：上课心不在焉，十分焦急自己马上临考却仍然什么也记不住；坐立不安，总觉得自己的每一个动作都是在浪费时间；吃不好，睡不香，精神萎靡不振，等等。

考试焦虑症在学生群体中非常普遍，《中国青少年健康人格调研报告》显示：超过80%的小学生存在考试焦虑，中学生考试焦虑的总检出率为68.8%，中度或重度考试焦虑的初中生占25.4%，而且女生的考试焦虑水平显著高于男生。

其实适度的焦虑是正常的，我们要警惕的是过度焦虑。著名的耶克斯—多德森定律显示（如下图所示），动机强度和工作效率之间的关系不是一种线性关系，而是倒U形曲线关系。也就是说，当焦虑水平过低时，孩子就没有学习动力；当焦虑水平过高时，孩子会发挥失常；只有当焦虑水平适当的时候，孩子才能正常甚至超常发挥。

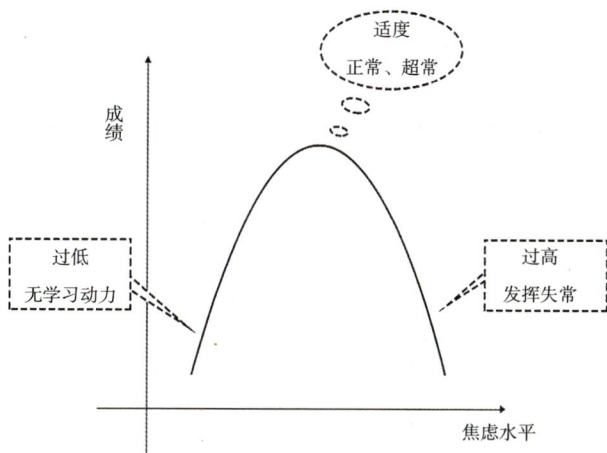

适度的焦虑、紧张，可以帮助我们集中注意力，维持兴奋程度，从而促进学习效率的提高。但当过度焦虑出现时，会造成注意力不集中、记忆力下降、精力不足、失眠、神经衰弱、头晕头胀、食欲不振等，这种情形反而会影响孩子的正常发挥，导致考试不如意。

4.1.2 引起孩子过度焦虑的三大原因

1. 父母过度期待的影响

一个学生曾经告诉我，之所以每次考试前都很焦虑，是因为害怕看到父母期待的目光，怕自己考不好，他们会失望。

很多父母无法接受孩子的平庸，无法接受孩子考试成绩不好。所以，当孩子考得不理想时，很多父母就会表现出失望、无助甚至愤怒等情绪。等到下一次考试前，就会格外焦虑，不断和孩子强调考试的重要性，反复唠叨孩子一定要多做准备、多复习，巴不得孩子一点时间都不浪费，全部用在学习上。

父母的这种过度期待、焦虑紧张，也会进一步地传递给孩子。他们会想如果这次考不好，怎么回家面对父母。沉重的心理压力，就会造成孩子对考试过度焦虑。

2. 过于看重考试的结果

人人都看重成绩的今天，在很多人眼里，衡量孩子是否优秀的唯一标准就是成绩，好像只要你学习成绩好，其他的缺点全都无所谓，而只要你学习成绩不好，就算你有再多优点也没有用。

这种过度放大成绩的风气，就形成了孩子自己对考试结果的执着，会觉得如果考不好，大家就不喜欢自己了。所以，即便父母没有给孩子压力，孩子自己也会给自己巨大的压力，从而产生焦虑紧张的情绪。

3. 曾经失败造成的恐惧

有的孩子可能在之前的考试中，有过失败的经历。再一次面对考试时，之前的画面，就会不自觉地从心里浮现出来，害怕自己再一次考不好，甚至会脑补再一次考不好后的情景。因此，对考试格外看重，从而给自己巨大的心理压力，再次引发焦虑。

还有的同学，因为曾经的几次考试失败，形成了一种错误的认知模式，觉得自己能力有问题，不可能考好了，这在心理学上叫作习得性无助。当一个人将失败归因于自身智力和能力的时候，浑身都会弥漫着一种无助、抑郁、焦虑。

4.1.3　应对考试过度焦虑的七星大法

1. 家长引领法

父母自己首先要学习成长，成为轻松、喜悦、有智慧的父母，保持心态的平和以及情绪的稳定。父母要对考试这件事有一个正确的认知，不只以考试论英雄，不给孩子过度的期待。

当我们能够真正做到这些的时候，整个家庭的氛围就是轻松的，如果孩子能够从父母这里感受到接纳、允许、信任、支持，内心的焦虑自然就会减少。

2. 情绪共舞法

当孩子过度焦虑时，作为家长，还可以教给孩子读懂负面情绪背后的正面意义，就像焦虑这份负面情绪背后，其实是一份提醒的力量，提醒你要做更加充足的准备。

因此，当家长能够敏锐地察觉到孩子的焦虑时，可以帮助孩子进行一个深入的内在对话。比如，家长可以告诉孩子，焦虑是因为你认为这次期末考试很重要，你希望自己可以考一个好的成绩。所以，这份焦虑是来提醒你做更加充足的准备，我们可以试着感谢它，同时妈妈也想告诉你，不管你考得好还是不好，妈妈都是爱你的。

此外，我们也可以引导孩子，当他感受到焦虑时，可以把手放在胸口，然后静下心来做几个深呼吸，保持放松，继续和焦虑做一个对话："焦虑，我看到你了，谢谢你用这种方式提醒我，我收到你的提醒了，我也会运用你给我的这份提醒，准备得更加充足，请你支持我。"

3. 信念重构法

心理学教授贝洛克曾在《科学》杂志上发表过一篇和考试焦虑相关的论文，他调查发现，如果在考试前把相关的焦虑写出来，可以有效缓解焦虑，甚至提升成绩。所以，考前如果感受到焦虑，第一步，就是用一张纸写下脑中所有担心和焦虑的念头，写出来以后，内心的焦虑就可以缓解掉一部分。第二步，可以对这些念头进行重构，比如，"我这次肯定考不好了"可以改成"我肯定可以做到"；"我感觉没有复习好"改成"我已经尽到自己最大努力了"；"考不好别人就不喜欢我了"改成"别人喜欢的是我这个人，不仅仅是成绩"。修改完后，可以反复朗读，加深自己新的信念。

4. 焦点转移法

手中的沙子不能紧握，握得越紧就会漏得越快。对于考试也是一样，你越刻意地在乎分数，越达不到理想值。所以，无论是家长还是孩子，都要放下对考试结果的执着，通过考试获得的不仅仅是分数和名次，更应该收获的是抗压能力和学习能力，是轻松地享受汲取知识的过程。

一直以来，我们对于考试都有很多的误区，总觉得只要考试结果不好，就说明孩子这个人不好。其实，即使考得不好，也只是提醒孩子哪方面知识有欠缺，接下来要怎么做学习才会更好。因此，结果并不重要，懂得每一次考试的价值和意义才是最重要的。

5. 是"是"而"非"法

当孩子焦虑和紧张的时候，很多家长会不断地告诉孩子："不要紧张，不要紧张！"但是，我们会发现好像越这样说，孩子反而越紧张。

人的心理活动分为意识和潜意识，其中潜意识占到了 95%，所以，潜意识的力量是非常强大的。可是，潜意识有一个非常显著的特点，就是听不懂"不"，它只会听到最清晰的指令。因此，我们只需要告诉大脑自己要什么就可以。比如，我们可以说"我要平和，我要放松"，而不是"我不要焦虑"。

著名的心理学效应墨菲定律告诉我们，如果你担心某种情况的发生，那么它就更有可能发生。所以，我们要把担忧的语言换成积极正向的词汇，去表达自己要的，而非不要的。

6. 腹式呼吸法

腹式呼吸和平时说的深呼吸并不是一回事。平时说的深呼吸属于胸式呼吸，腹式呼吸是吸气时肚子随之鼓起，呼气时腹部充分排空。

在练习腹式呼吸时，可以把左手放在胸口，右手放在腹部肚脐，用鼻腔最大限度地吸气，通过胸腔一路送到腹腔，此时胸部是保持不动的，而随着吸气腹腔会慢慢鼓起，此时要最大限度地鼓起，这其实就是我们常说的气沉丹田。然后，再深深地吐气，胸腔依然不动，同时最大限度地向内收缩腹部，让气体通过胸腔、嘴巴，缓缓地呼出。

腹式呼吸的关键是，无论吸还是呼，都要达到极限，即吸到不能再吸,呼到不能再呼,同时腹部也要相应地鼓起与收缩到极限。还要注意的是,整个呼气的过程一定要缓慢。开始的时候,可以把手放在胸部和腹部去感受,习惯了以后就可以拿开,用意识去感受就可以了。

在考试前,通过这种方法,可以有效地缓解焦虑,也可以把这种呼吸方式变成自己每天、每一刻的呼吸习惯。

7. 高效冥想法

有时候,不要只顾着拼命学习、拼命工作,也要懂得高效地休息。托尔斯泰说:"如果有人问我,有什么最重要的和最有用的忠告可以给我们这个时代的人,我只会说,……暂停片刻,放下手中的工作,看看周围的世界。"

冥想就是一种高效休息的方法,是在安静及静寂的环境中,闭眼后通过思维引导感官的思考及思维散发,是一种凝神缓解压力的方式。可以根据一些冥想音频中的引导,去关照我们的身体,达到放松身心、缓解焦虑的效果。

沟通锦囊

当孩子在考试前出现过度焦虑、紧张的情况时,再给大家分享一个非常实用的小技巧,可以快速缓解孩子的焦虑,叫作撒金粉借力法。借力的对象,可以是相熟的人,也可以是不认识的人,更可以是历史人物。只要能够想象出来那个人的模样,便可向他借力。我曾经引导过受导者借助海豚(自由、善良)和大树(坚定、稳固)的力量。它们都是受导者提出来的。只要受导者认为可以,便都会有效。具体步骤如下。

想出一个有此能力的人，想象他站在不远处，向他请求借取这份能力，并且向他保证说："我想请你与我分享你的××（所需力量的名称）。我向你保证，你与我分享你的能力后，你的能力不会减少只会增加。我需要你的帮助，可以吗？"

绝大部分情况，受导者会得到被借力的人的同意（点头、说可以或微笑）。若被借力的人不同意，引导受导者寻找另一个借力的对象。当受导者得到被借力者的同意后，引导受导者想象被借力者从口袋里掏出一把代表这一种能力的金属粉。

这时，问受导者："最能代表这种力量的金属粉，是金色还是银色的？"无论受导者回应说是什么颜色，辅导者都完全接受，并且以后每提及该种力量的金属粉都使用同一颜色。引导受导者想象被借力者扬手撒出那些金属粉："想象金属粉像下雪般降落在自己身上的每一处，尤其是头顶和双肩。这些金属粉越落越多，然后，你感觉那些像雪花般的金属粉开始融化，进入你的身体，感受一下你需要的能力进入自己身体里的感觉。"

引导受导者大力吸气以加强能力在体内的感觉，做数次这样的深呼吸，然后想象那股能力已经储存在身体里的每一处。所以，以后这份力量都会储留在身体里，随时可以运用。

4.2 孩子乱发脾气，怎样说让孩子冷静表达

☀情景重现

假期里，夫妻俩带着六岁的弟弟和正在上初中的姐姐，一家四口外出游玩。其间，弟弟拍了姐姐一下，这一拍可不得了，姐姐回过头就对弟弟怒吼道："你有病啊，打我干吗，你再动我一下试试，信不信我揍你。"

姐姐突如其来的脾气，把弟弟吓得连连后退，妈妈见状忙解释道："弟弟不是故意的，他跟你闹着玩呢，你让着他点儿。"

这下好了，怒吼直接变成嘶吼："凭什么要让着他，你怎么知道他不是故意的！"说着就把手里的东西往地上一摔，"跟我闹着玩？我愿意跟他玩儿了吗！"

看着青春期的女儿，情绪这么容易失控，妈妈感觉心好累。

其实，在成长过程中，每个人都会有"熊孩子"的一面，也会经常被突如其来的情绪"小怪兽"控制住。每当这个时候，作为家长的我们，往往会觉得很心累，甚至很崩溃。

4.2.1　情绪"小怪兽"究竟在表达什么

很多人不知道的是，对于那个乱发脾气的小孩来说，其实压力也很大。我曾经和很多学生讨论过关于发脾气的问题，很多孩子会告诉我，在那一刻，他都觉得不是他自己，他也不知道自己为什么会那样失控。

很多孩子之所以发脾气，是因为那一刻他不知道怎么表达自己内心的感受，不知道怎么表达真实的需要，而家长往往也不了解孩子的感受，没办法及时满足他们的需求，帮助孩子解决困难。在这种情况下，孩子只能用发脾气来表达内心的不满。

当然，还有的时候，家长了解孩子的需求，却并不想满足他。比如说，在超市里因为要不到东西而哭闹发脾气的小孩。

所以，孩子发脾气，不是因为他很强势，相反，那一刻带刺的外壳下，其实他很无助。

4.2.2　面对孩子闹情绪，不做 PPEA 型家长

1. 惩罚型（Punish）：用孩子害怕的手段，压抑某种情绪

在孩子哭闹的时候，惩罚型的家长经常会说"你再哭，我就不要你了""你再闹，信不信我让你爸好好地揍你一顿"，或者直接用过分的行动和肢体语言，比如怒视、拳头等，恐吓孩子。

这种类型的家长，对孩子表现出来的情绪非常厌恶。他们认为孩子想通过情绪来达到某种目的，而感觉自己像是被孩子的情绪要挟，从而就会表现出愤怒和对抗。他们觉得如果不加以惩罚，孩子将会失去控制或者养成不好的脾气。

这种惩罚并不能舒缓孩子的情绪，反而会产生更多情绪困扰。现实告诉他，表达情绪会受到惩罚。所以，他对负面情绪既憎恶又无助，在未来的人生路上也会受到很大影响。

2. 说教型（Preach）：用长篇大论的道理，埋没某种情绪

在孩子哭闹的时候，说教型的家长经常会说"我像你这么大的时候，哪有空发脾气，学习的时间都不够用的，你天天这个情绪那个情绪的，要是把这个功夫放到学习上，成绩早提上去了！"

这种类型的家长，相对于孩子的情绪而言，更执着的是自己认为对的道理，觉得小孩子就应该听大人的话，希望通过这些道理让孩子变得更理性，注重"应该如何做""如何做更好""如何做才正确"，喋喋不休地给孩子讲大道理，以道德的方式来约束孩子。

神经学专家保罗·麦克里恩在 1970 年提出了三脑理论，认为大脑分为原始脑（也叫本能脑）、哺乳脑（也叫情绪脑）、视觉脑（也叫理智脑）。在遇到外界的刺激时，尤其是孩子在闹情绪的时候，供氧和供血会更多地向情绪脑和本能脑集中，而理智脑就会因此缺少供给，也就是我们常说的头脑一片空白。所以，这时候和孩子讲道理，孩子基本是听不进去的。

因为只是给孩子讲一些道理，并没有教孩子如何处理问题和情绪，所以孩子依然很无助，不知如何是好。而且因为家长的唠叨，还可能会让孩子增加一份不耐烦和愤怒，从而影响亲子关系。

3. 交换型（Exchange）：用孩子在乎的价值，停止某种情绪

在孩子哭闹的时候，交换型的家长会说"来来来，给你个糖果，不要哭了""别发脾气了，妈妈一会儿带你去游乐场"，或者通过各种方式逗孩子笑。

这种类型的家长，从潜意识里认为孩子的情绪不重要，最好不要出现，认为负面情绪是不好的，不应该在里面停留，要尽快转移或忘掉。他们认为，当孩子的注意力不在这件事情上的时候，就可以了。

但这并不是从根本上解决问题，反而有种掩耳盗铃的感觉。当然，家长希望孩子开心而非伤心的初心是没有问题的，但这种处理方法，没有对引起孩子强烈情绪的事情做出真正有效的转化处理，一旦下次没有这份价值交换，还会让孩子产生同样的情绪。而且孩子真实的情绪感受与家长对情绪的不重视之间的矛盾，会让孩子经常迷惑、自我怀疑，长此以往就会出现自信心不足等问题。

4. 冷漠型（Apathy）：用不加干预的态度，忽视孩子的某种情绪

在孩子哭闹的时候，冷漠型的家长经常会说"自己回房间冷静去，等你好了再和我谈""你想哭就使劲哭吧"，或者任孩子发脾气，家长假装没有看见，以冷漠的方式来对待。

用冷漠的方式对待孩子的情绪，会给孩子带来非常大的伤害。曾经有一种非常流行的"哭声免疫法"，这是一种婴儿哭了不抱、不哭才抱的完整睡眠训练法，被这种方法调教长大的孩子后来轻则睡眠障碍，重则人格障碍。在这个过程中，冷漠处理孩子情绪的同时，孩子通过哭闹传达的需要与问题，也同时被"免疫"掉了。

冷漠型的家长接受孩子的情绪，但态度就是"不加干预"，让孩

子自己去处理。其实，这远远不够。一方面，没有教会孩子如何处理问题；另一方面，也没教会孩子如何处理情绪。这会极大地破坏孩子的安全感，并且会发展出很多不合适甚至极端的情绪表达方式。一个暴躁的孩子可能会更有攻击性，一个内心敏感的孩子可能会哭起来没完，他们可能也知道这样不好，但遇到事情就完全控制不住自己，就像陷入了"黑洞"一样。

4.2.3　孩子乱发脾气，EQ 型家长这样做

1. 帮助孩子全面认识情绪

孩子在发脾气的时候，内心产生了强烈的负面情绪。很多家长在教育孩子的时候，总会传递一种根深蒂固的观念——情绪都是不好的，从心里是排斥的。但其实不然，所有的情绪都是正常的，而且都是具备正面意义的。

比如，焦虑紧张就是在提醒我们做更加充足的准备；恐惧可以给我们保护，如果没有这份恐惧的情绪，遇到危险和没看见一样，可能会让伤害更大。

所以，我们真正要做的是读懂情绪，然后学会运用情绪。

只不过很多孩子在陷入负面情绪时，因为缺乏对情绪的深层理解，并不能正确地转化。因此，当孩子在经历负面情绪的时候，我们可以告诉孩子他正在经历什么样的情绪。

比如，孩子被作业难住时，可以对孩子说："想不出来这个题，是不是让你觉得很烦躁？"当孩子得不到自己想要的东西时，可以对孩子说："得不到想要的东西，被拒绝，是不是很伤心？甚

至怀疑是不是妈妈不爱你了？"当孩子和同学发生矛盾时，可以对孩子说："那一刻你是不是真的特别愤怒，才忍不住动手的呀？"

因此，当家长能够主动帮助孩子理解自己此刻正在经历的情绪时，不仅可以让孩子对情绪有更好的认知和掌控，也是让孩子知道，你的情绪妈妈能接受，你的情绪和感受很重要。孩子一旦能够从父母这里得到心灵上的支持，内心就会变得更有力量，就不会被情绪"小怪兽"吞没，也为接下来寻求更好的解决方法奠定基础。

2. 家长树立情绪好榜样

在孩子的情绪管理中，父母往往起着重要的示范作用，孩子会观察父母的做法，来丰富自己的应对策略。

如果父母在遇到事情产生强烈负面情绪时，是通过发脾气的方式，把情绪转移到家人身上，孩子也就跟着学会了。只要我不爽了、不舒服了、有情绪了，就可以随意发脾气。

如果父母在遇到负面情绪的时候，能够为自己的情绪负责，注意自己的言行，积极地解决问题，那么孩子也会学到。有了负面情绪，先自己照顾好自己，关照自己的负面情绪，逐步让情绪平稳，这会让孩子对负面情绪有更好的应对能力。

3. 约法三"招"，帮助孩子冷静表达

孩子之所以会乱发脾气，出现很多情绪问题，有孩子自己的责任，也有家长的责任。但在孩子的价值观和认知水平还不成熟的成长阶段，父母要承担起更多的引导责任，要通过学习不断提

升自己，让自己成为有支持力的父母。

在孩子情绪稳定的时候，父母可以和孩子约法三"招"。通过这三招，教会孩子在遇到情绪的时候如何去表达和沟通。当然，我们成人也可以去运用。

第一招：我有什么感受。不带任何情绪地向对方表达此刻自己内心的真实感受。

第二招：我的想法是什么。充分表达引起自己感受的事情以及自己对这件事情的看法。

第三招：我希望你怎么做。清晰地告知对方，你期待他采取什么行动来帮助解决问题。

需要注意的是，在孩子表达的过程中，全程不要打断、不要评判，给孩子完整表达、充分表达的权利。否则，经常被打断和否定，孩子就不愿意和你沟通了，约法三"招"也就失去了作用。

总之，面对喜欢乱发脾气的孩子，我们要从内心去理解孩子的感受和想法，然后逐步地引导他，多一点耐心，而这份耐心也是在修炼家长自己，修炼自己的情绪管理能力，运用情绪的能力。

🗨 沟通锦囊

针对孩子乱发脾气的情况，再给大家一个非常好用的锦囊，叫作**五步处理法**。通过这个方法来引导孩子，就可以轻松实现高效沟通。

（1）安全——给孩子一个拥抱，或者拍拍孩子的肩膀，建立安全感。

（2）共情——我知道没有得到你想要的，你会感觉特别失落。

（3）理解——你有那样的情绪，也是正常的，我允许你有那样的情绪。

（4）原则——但不管怎么样，不能随性地乱扔东西。

（5）策略——我们一起来想一想，还有没有更好的解决问题的方法。

4.3 孩子有不满就哭，怎样说让孩子坦然接受拒绝

☀情景重现

晚饭过后，妈妈带着小男孩在楼下散步，看到不远处几个小朋友正玩得热火朝天，于是妈妈鼓励小男孩说："你是不是也想去和他们一起玩儿？没事，去吧！"

在妈妈的鼓励下，小男孩鼓起勇气来到了他们面前，小声说："你们好，我可以一起玩吗？"

让小男孩没料到的是，几个小朋友先是愣了一下，然后异口同声地说："不行，你不能一起玩。"

猝不及防的拒绝，令小男孩瞬间尴尬至极，脸涨得通红，转身就向妈妈跑去，眼角的泪花再也止不住，扑倒在妈妈怀里哇哇大哭起来。

4.3.1 不会面对拒绝，就像气球漏了气

历史学家尤瓦尔·赫拉利说过："无论在哪个时代，那些富有勇气，独立而善于思考，且不容易被挫折打败的人，终归会站在金字塔的顶层。"

在一个人的成长过程中，"被拒绝"其实太正常了。小时候申请加入小朋友一起玩被拒绝，长大了遇到喜欢的异性表白被拒绝，毕业了找工作面试被拒绝，创业了找合作伙伴融资被拒绝……没有人不希望自己被温柔相待，可真实的世界就是会出现各种各样的"社交事故"，如果家长不能教会孩子正确面对，就会让孩子丢掉重新出发的勇气，甚至会产生爱而不得的怨恨，成为一个牢骚满腹的人。

曾经在一个商场有人发免费气球，一个两岁多的女孩看到后想要又不敢去，最后还是妈妈帮忙要了一个。在回家的路上，妈妈想锻炼孩子的勇气，于是开始模拟演练，她让女孩说："阿姨，我可以拿个气球吗？"然后妈妈说："小朋友你好勇敢呀，可以送给你一个。"

就这样演练了很多遍之后，妈妈突然想拒绝她一下，所以当孩子再一次要气球的时候，妈妈却说："抱歉小朋友，这个已经有别人要了，不能送给你。"听到被拒绝，女孩立马愣住了，接着就依偎到妈妈身边，眼中带泪。

妈妈耐心地安慰女孩："没关系，我们下次再来。"接着继续模拟演练，可女孩听到被拒绝后依然接受不了，这时妈妈温柔地抱住孩子，耐心地对孩子说："我们跟别人提出需求的时候，别人有可能答应，也有可能拒绝，这都很正常，知道吗？如果答应了，我们就说谢谢。如果没有答应呢，我们就说没关系啊。下次我们再尝试呗。"

最后，通过引导和训练，孩子两眼重新闪着光芒，转着圈踩着脚，大声地回答："没关系，被拒绝也没关系，我很勇敢！"

　　这个小女孩是幸运的，她有一个用智慧守护她的妈妈。很多人都表示，小时候从没有人教过自己被拒绝时应该怎么办，只能垂头丧气地当场尴尬，以至于成年后都无法面对别人的拒绝，甚至一点点不同意见就会让自己难过大半天，所以更多时候会选择主动逃避，但因此也错过了很多机会。

　　如果没有得到温暖治愈，有些创伤真的会影响孩子未来的人生。所以，作为家长，一定要帮助孩子学会正确面对拒绝。

4.3.2　扎破气球的四根钢钉

1. 忽视感受

　　我见到很多家长面对孩子被拒绝时，会忽视孩子的感受和需要。比如，孩子想玩别人的玩具车，别人不同意，家长就会说"我们才不稀罕呢，咱有更好的"。孩子想和小朋友一起玩，小朋友拒绝孩子加入，家长就会说"你不跟我们玩，我们有的是玩伴，我们走"。

　　家长为了掩饰尴尬而表现出的"吃不到葡萄说葡萄酸"的做法，为自己赢得了一点所谓"颜面"的同时，更多的是忽视了自己孩子当下的感受和需要。他真的不稀罕吗？他真的有很多玩伴吗？这种做法才真的是把别人推到了对岸，对孩子的正常社交更加不利。

2. 揭短补刀

　　有的家长在孩子被拒绝后，不仅不帮孩子疗愈，还在伤口上撒盐，让孩子本就受伤的心碎了一地。"你看看你，笨手笨脚的，人家谁愿意跟你一起玩儿""说话比蚊子的声音都小，扭扭捏捏，人家听都听不见，怎么会同意你加入"……

可能家长试图通过这种方式激励孩子做出一些改变，但是改变不是一下子的事情，也不是通过嘲讽的方式。因为这不仅达不到想要的效果，还会让孩子受到来自你的二次伤害，内心更加脆弱，更加没有力量。

3. 舍己为人

有的家长在孩子被拒绝后，会教孩子通过讨好别人的方式来达到自己的目的。比如，依然是想和其他小朋友一起玩被拒的情况，家长会让孩子把自己心爱的玩具让给对方，让其他小朋友呼来唤去。

作家太宰治在《人间失格》里说："我的不幸，恰恰在于我缺乏拒绝的能力。我害怕一旦拒绝别人，便会在彼此心里留下永远无法愈合的裂痕。"很多孩子害怕自己表现不好，别人会嫌弃，不再和自己玩，于是用各种方式讨好对方，维持和对方的关系。可是，一旦关系里没有了自我，一旦出现了不平等，一旦没有了互相尊重，便很难从中获得你想要的快乐。

4. 过分偏袒

曾经有一对母子在地铁站等车，旁边坐着一位姐姐，孩子看到旁边的姐姐吃着香甜的爆米花，自己也想吃，于是妈妈鼓励他自己去要。孩子走到姐姐跟前，可是被拒绝了，还本能地远离了几步，这时小男孩竟然一脚把姐姐踢倒在地，而这位妈妈不但没有进行教育，反而在旁边为孩子鼓掌叫好。

家长对于拒绝的正确认识会直接影响孩子的价值观。如果家长过分偏袒，会让孩子觉得别人就应该听我的，不满足我的要求就不对。这种高度以自我为中心的思维模式，非常不利于孩子的成长，迟早会害了孩子。

4.3.3　让气球重新鼓起的五口"仙气"

1. 情绪处理

有的家长认为，不就是被拒绝嘛，有什么大不了的，可事实并非如此。心理学家曾研究过经常遭受拒绝的孩子的脑图像，他们发现，常被拒绝的孩子的大脑反应，和身体受伤时的大脑反应一样，都是感到痛苦、难受。所以，一定要进行情绪的处理。

首先，关于家长的情绪。很多家长由于自己过往的经历和创伤，在孩子遇到拒绝时，比孩子本人的反应都强烈。家长要看到这是自己需要疗愈和成长的部分，自己在面对拒绝时也不能坦然接受，应该让自己慢慢静下来，处理好自己的情绪，才能帮助孩子疏导情绪。

其次，认真倾听并共情孩子的感受。无论出于什么原因，被拒绝始终是不舒服的。如果孩子说不出来，你就可以替他说出来："被刚才那个小朋友拒绝，是不是很伤心呀？"然后，再表示理解共情："你感到伤心是很正常的，如果是妈妈，也会很难过呢！"

2. 换位思考

当孩子情绪平稳后，我们要引导孩子理解他人感受，学会换位思考，因为不是所有人，不是所有时候都要遵循我们的想法。

每个人都有自己的考虑，就像我们也有自己的想法一样。当孩子能站到对方的角度思考问题的时候，很容易就能从被拒绝的伤害中释怀。

比如，"如果你们几个人玩得很好，每个人都有自己的分工和安排了，这时候再来一个陌生的小朋友想加入，你愿意吗""如果你的玩具才玩了一会儿，突然有个小朋友想借去玩，你是不是也不愿意"……

毕淑敏说过："拒绝是一种权利，就像生存是一种权利。"要让孩子明白，别人有拒绝的权利，你也一样。一个不能理解别人为什么会拒绝自己的人，往往也没有勇气去拒绝别人。而一个人最大的幸运就是，有拒绝别人的力量，也有被人拒绝后的洒脱。

3. 区分人事

一项心理学研究发现，有一类人容易把被拒绝的经历与自身认同感相联系。他们会将被拒绝归因为自身不优秀、不够好、有缺点等，从而产生深深的自我怀疑。

在拒绝孩子的时候，我们一定要注意，把人和事分开。我们可以不认同他的某个行为，但一定不能直接否定他这个人。同时，要教孩子学会区分。当他有了这种区分的能力和习惯，就可以很好地保护自我价值，在遇到被拒绝时便能坦然接受。

比如，对方只是在这个活动里不需要你的加入，等明天再玩的时候就可以继续一起，并不是不喜欢你；你送别人东西，别人拒绝了，只是别人真的不需要这个东西，并不是要和你断绝往来；有时对方的拒绝也并非恶意，只是他们也缺乏相关的社交技巧而已。

有人说，有没有可能对方真的不喜欢我，当然有！可那又如何呢？没有人可以做到让所有人都喜欢，不要因为别人的一次拒绝，而放弃让更多人看到自己光芒的机会。对方不喜欢你，并不代表你不好。

4. 规则价值

大部分家长在孩子遇到拒绝时，都会选择鼓励，让孩子继续去尝试，但在这里希望大家能记住一句话——没有方法支撑的鼓励只会让尴尬重演。我总结了八个字，基本上能应对 90% 以上被拒绝的场景：遵守规则，提供价值。

首先，要有规则意识。试想如果你刚来就捣乱，试图重建秩序，别人还会和你一起玩吗？所以，要让孩子学会尊重既有规则和秩序，别人才更愿意接受。家长和孩子之间也可以提前制定规则。比如，今天允许孩子玩多长时间手机，时间到了之后就要温柔而坚定地拒绝孩子继续使用。有了规则意识，孩子就更容易被接受，也更容易坦然面对拒绝。

其次，要给别人一个同意你的理由。这就需要多观察，多问自己能够为对方提供什么价值，而不是能从对方那里获得什么，价值在任何时候都是一个人最大的资本。比如，小伙伴们正在沙堆里挖一道水渠，与其刻板地问："你好，我可以一起玩吗？"还不如为大家提来一小桶水，自然地融入其中。

5. 自我检视

如果你家孩子不是偶尔被拒绝，而是经常发生，甚至别人一看到他就想离开，那就要自我检视一下了，是不是孩子有一些不好的行为习惯。比如，有的孩子简直就是一个小霸王，经常无故欺负别人，抢别人的玩具，甚至是狂飙脏话、动手打人等。这样的孩子，大家都会避而远之，拒绝和他一起玩。

所以，当孩子抱怨别人总是拒绝自己的时候，我们也不能一直替自己的孩子觉得委屈，批判其他孩子的"不公"，却忽视了自己孩子的问题，要用心去了解自己孩子是否在性格上有不足，是否在社交中有偏差。

通过自我检视，发现孩子自身存在的问题，通过合理的方法帮助孩子慢慢调整，这才是最科学有效的办法。

著名当代诗人汪国真说："拒绝别人一定要委婉，因为没有人喜欢被拒绝；被别人拒绝一定要大度，因为拒绝你的人总有他的理由。"是的，愿每一个人都有拒绝别人的勇气，同时，在被拒绝时也能坦然接受。

🎒 沟通锦囊

当孩子被拒绝就泄气失落，甚至发脾气大哭时，高效沟通 = 收起四根钢钉 + 吹出五口"仙气"。首先，不要再用四根钢钉继续去扎孩子这个气球了，否则孩子的自我价值会越漏越少，越漏越快。其次，大家可以按照我提供的五点建议去践行，帮助孩子学会坦然接受拒绝。

4.4 孩子抗挫折能力差，怎样说让孩子正视失败

☀情景重现

在一间窗明几净的舞蹈室里，6 岁的女孩正专心听老师讲解新的动作，当开始练习的时候，有两个动作就是做不好，看着很多同学都完成了，她心里想："大家是不是都在嘲笑我，我是不是根本不适合跳舞。"

于是，女孩趁课间跑出了舞蹈室，找到了在休息室等待的妈妈，哭诉说："我不想学舞蹈了，太难了，我们回家吧！"

妈妈感到莫名其妙，于是带孩子找到老师了解情况，老师解释说："没什么太大的问题，就是两个动作，多练习一下就好了。"

妈妈耐心地将女孩劝回舞蹈室，同时也对女孩遇到问题就退缩的习惯和如此差的抗挫折能力感到担忧。

4.4.1 挫折商为何如此重要

很多家长都有一种感受，就是现在的孩子实在太脆弱、太敏感了，说也说不得，管也不敢管。有的孩子，被老师批评两句就

不去上学了；有的孩子，被同学拒绝了，就要难过好几天；有的孩子，朋友和其他人玩得好了，自己就受不了……

还有人会感觉到，现在的孩子，解决问题的欲望和能力普遍偏低，遇到问题就往后退，不是想着迎难而上把问题解决，而是想尽办法找一个理由推脱。有的孩子，学武术学不了几天就要放弃，说太累了；有的孩子，钢琴练不了几天就要丢掉，说太苦了……

其实，这并不只是孩子自己的责任。家长们的焦点似乎都在教孩子如何变得更优秀上面，却没有教会孩子摔倒了如何站起来，受伤了如何给自己擦拭伤口。以至于孩子在遇到困难和挫折时，就像望不到灯塔的一叶扁舟，只能在人生的海洋里迷失方向。

所以，培养孩子的挫折商非常重要且刻不容缓。心理学家建议，最好在孩子的成长早期就开始进行。只有这样，孩子才不会把芝麻般大小的事，变成射向自己的弓箭。否则，孩子的人生处处是危机。

挫折商也称为逆商，全称逆境商数，英文是 Adversity Quotient，简称 AQ，是保罗·史托兹提出的概念，指人们面对逆境时的反应方式，即面对挫折、摆脱困境和超越困难的能力。

面对同样的打击，挫折商高的人产生的挫折感较低，而挫折商低的人会产生强烈的挫折感。

所以，我们不能仅盯着孩子的成绩是否优秀，也要关注他是否"能扛事儿"，就是在遇到挫折时，能否正确认识和面对，而不是轻易地被击垮或者逃避畏缩，毕竟未来的人生成长之路上，总会遇到各种各样的挫折。

4.4.2 破坏孩子挫折商的三瓶毒药

1. 过度保护与溺爱

如果说情商是与人相处的能力，那逆商就是与自己相处的能力，可是父母过度的保护和溺爱妨碍了这种能力的培养。很多事情努力过后再回头看，其实坚持坚持就过来了，而很多父母就是舍不得。

有的父母自己曾经吃过很多苦，有了孩子之后就舍不得让孩子吃苦、受委屈，总想把最好的一切都给孩子，把孩子保护得好好的。所以，孩子觉得练武术太累不想继续了，父母就允许而不是鼓励；让孩子洗个碗，孩子不愿意，要个脾气撒个娇，父母就自己干起来而不是引导。

心理学家威廉·詹姆士研究发现，一个没有受激励的人，他的能力只能发挥出 20%~30%，但当他受到激励后，可以发挥出激励前的 3~4 倍。所以，在孩子遇到挫折时，更需要的是父母的激励而非保护。

迎接人生中的风雨，是行走在世的不变法则，可惜很多风雨都被父母的雨伞挡住了。而孩子终有一天要离开父母，自己去面对人生。在父母身边的时候，父母没有帮助他培养面对挫折的能力，当父母的保护伞退去，曾经被过度保护的孩子，被现实世界的风一吹，就折弯了腰。

我们总希望孩子可以少走弯路，可是要明白，我们所认为的很多弯路却是孩子人生的必经之路。我们可以引领孩子成长，但绝不能替代孩子成长。

2. 要挟将挫折扩大

心理学上有一个坏苹果效应，就是拿一个坏苹果和一个好苹果，把它们放在一起，会发现好苹果也变坏了。

在家庭教育中，有的家长习惯于要挟孩子来达到自己的目的。比如，你在事情 1 上不按我说的做，我就剥夺你在事情 2 上的权利。这种做法非常不可取，因为这会导致孩子挫折感的扩大化，最后经受不起挫折。

为什么会这样呢？比如，有一个问题 1，我们把它看作坏苹果；还有一个事情 2，我们把它看作好苹果。父母使用要挟的方法，就相当于把问题 1 和事情 2 打包捆绑了。举个例子，孩子犯了错，你让他道歉他就是不愿意，于是你说"你如果不道歉，下午就不能去踢足球了"。

当父母使用要挟的方法时，坏苹果效应发挥作用，事情 2 这个好苹果最终也被感染成了坏苹果。上面的例子中，孩子可能慢慢地就不喜欢踢足球了。假如父母经常用要挟来对付孩子，挫折就会不断蔓延，最终事情 2、3、4 全部被感染。

长此以往，孩子会形成一个非常不利的心理模式。当遇到了一个问题，也许这个问题并不大，可是他会想到其他很多问题，会担心有更大的恶果出现，将挫败感和对问题的恐惧不断延伸，于是面前的这个小问题他都承受不了了。这就是所谓的经不起挫折，也就是低挫折商。

3. 刻意地制造挫折

有的孩子从小就承受了太多的挫折与打击。比如，不管做了什么，父母都不满意，依然有很多的挑剔，认为通过这样的方式能够使孩子得到磨炼。其实，孩子成长的路上已经充满了困难和挫折，实在不需要父母人为地去制造了。

简·尼尔森博士曾说："我们究竟从哪里得到这样一个荒诞的观念，认定了如果想要让孩子变得更好，就应该先要让他感觉更糟？"一味地去让孩子面对挫折，去承担过多不属于他的责任，就会让孩子本能地抗拒。

真正的挫折教育，不是要刻意地给孩子创造挫折，而是应该和孩子一起面对，应该给予孩子真正的关注和有效的支持，让孩子遇到问题时可以坚定地说"我能行"，而不是无力地说"我不会"。

4.4.3 五维塑造法，有效提升孩子挫折商

1. 建立成长型思维

在我的课程里，经常会给孩子们讲一句话——没有挫败，只有反馈信息。

很多孩子面对挫败时，焦点往往就在挫败的结果上，因为这个结果不好而痛苦，甚至也会因为这个结果而无限地发散，会怀疑自己是不是真的很差劲，是不是真的做不好。而成功者，会把每一次挫败当作成长的契机，透过挫败反馈出来的信息来成长提升，从而愈挫愈勇。

比如，孩子考试失利了，固定型思维的孩子想到的是，我没有学这一科的天赋，或者是留在挫败的情绪里，哭一哭就过去了。但成长型思维的孩子，会由考试失利，看到它给自己的指引，继

续更好地前行。

这次考试失利，如果是因为我最近身体不好，那它反馈给我的信息，就是要好好爱自己，加强锻炼；如果是因为知识结构的缺失，那它反馈给我的信息，就是利用这个假期再好好补补课，重新制订一个学习计划；如果是因为考试紧张，那它反馈给我的信息，就是提醒我学会管理情绪，找到更多减少考试焦虑紧张的方法。

拥有成长型思维的孩子，他们不害怕挑战，不害怕失败的结果，更关注自己有没有去尝试，又有什么新的成长和收获。所以，家长要允许孩子失败和犯错，然后引导孩子正确地去看待，建立起成长型思维。

2. 同理孩子的感受

"这有什么难的？这么简单都不会，你怎么这么笨""别人不就是说了你一句吗？又不会掉块肉，至于吗"……有的家长对于孩子遇到的困难感到不屑，觉得没什么大不了的，不值一提，觉得孩子太矫情，甚至会嘲讽孩子。

在每个孩子成长的过程中，遇到挫折和失败是一件非常正常的事，可是要知道孩子和成人的世界并不相同，也许你认为不值一提的事情，对孩子的打击却非常沉痛。因此，孩子想要退缩的时候，作为家长要意识到这也是正常的，并同理他的感受，而不是急于否定和评判。因为家人的理解和支持，会给他面对挫折的勇气和力量。

可以告诉孩子，当你遭遇挫折失败，想要逃避时，是很正常的，爸爸妈妈特别理解这种感受，因为我们曾经也有过这样的体验。然后，分享自己曾经真实的体验。这样可以引起孩子的共鸣。

有的家长会担心，把自己失败的事情说给孩子听，会不会被孩子看不起，影响自己在孩子心中的形象。其实，真正的强大在于直面自己。当我们分享自己曾经也想逃避的体验时，更能让孩子感受到我们是一个有血有肉的人、一个真实的人。

当然，讲这一部分的目的是让孩子知道你懂他的感受，能够引起共鸣，最后家长只需要补充上自己是怎么做的，是如何从挫败中走出来的，如何让自己变得强大的。这其实就是教给孩子具体的方法，之后还可以和孩子头脑风暴，一起寻找更多好的方法。

3. 丰富孩子的体验

有一句话是"世界大了，问题就小了"。同一件事，对某些人来说是人生的至暗时刻，可能对另一些人来说根本就不算事儿。这其中的关键就在于眼界和格局，而一个人的眼界和格局来源于体验。

现在很多孩子之所以心理承受能力很差，不能面对挫折与打击，也是因为生活范围太小，很多负面情绪不能得到有效释放。所以，家长除了关注孩子的学习，还应该多带孩子接触大自然，参加一些有意义的活动，让孩子有机会到外面的世界走一走。

在体验的过程中，在和这个世界热烈拥抱的过程中，孩子的很多负面情绪就会得到释放，心态也会有很大的改变。随着视野的扩大、眼界的提升，就会对低级的刺激不敏感，就会发现曾经困扰自己的问题不过是一粒沙尘。

在生活中，每个孩子将经历不可避免的挫折与失望，父母给孩子最宝贵的礼物就是培养他们抵御挫折的能力，增强他们的意志力，让他们能冷静而勇敢地面对未来生活中的困难与挑战。

4. 制定合理的目标

很多人都有定目标、做计划的习惯，这非常好。不过，一定要注意的是，目标的制定一定要合理，既不能过低导致人的能动性下降，也不能过高给人造成强烈的挫败感。

1968 年，心理学教授埃德温·洛克提出了一个著名的目标设置理论，也被称为洛克定律。洛克定律认为，目标并不是越高越好，更不应该不切实际，可以为自己制定一个总的高目标，但一定要为自己制定一个更重要的实施目标的步骤。

很多人给自己制定了一个非常大的目标，可是在达成目标的过程中发现比自己想象得要难，甚至不可能完成，这时很容易产生挫败感。当一个人做一件事得到的结果总是失败时，就会陷入深深的无助，也就失去了再次去尝试的动力，从而最终放弃。

反之，我们给自己设置一个个切实可行的目标，不断地去克服和完成，每实现一个目标就会很有成就感，而这个成就感会推动我们去向更高的目标。久而久之，我们会发现，自己已经站在了成功之巅。

5. 结交积极的朋友

我们经常说，一个人可能走得很快，但一群人才能走得更远。对成人是这样，对孩子也是如此。朋友对孩子的成长来说是非常珍贵的，他们可以互相陪伴、互相肯定，也可以成为彼此的情感卫士。

尤其是，随着孩子进入青春期，慢慢地不愿意和父母交流，反而更愿意和身边的朋友吐露心声。当孩子遇到困难和挫败时，如果身边有几个正能量的伙伴，便能够给予孩子积极正向的鼓励，让孩子有勇气走出阴霾勇敢去面对。

所以，家长也要关注孩子的人际关系，鼓励孩子交几个乐观向上的朋友，彼此激励，一起成长。

🔔 沟通锦囊

当孩子遇到挫折，不愿积极面对的时候，高效沟通＝丢掉三瓶毒药＋五维塑造法。首先，不再过度地保护和溺爱，不再以要挟来实现自己的目的，不再刻意地制造挫折。然后，利用五维塑造法，从五大方面提升孩子的挫折商。

第 **5** 章　人际关系

自我与外界间的互通密令

5.1 孩子不自信，怎样说让孩子提升价值感

☀ 情景重现

"这个问题，哪个同学可以回答，请举手！"教室里老师正在提问。

坐在角落里的小男孩，佝偻着背，双肘撑在课桌上，心里想："这个问题我倒是会，但如果回答得不好，同学们应该会嘲笑我吧，算了还是不举手了。"

课间，同学们有的在教室里聊天，有的在教室外活动玩耍。小男孩依然坐在自己的座位上，心想："我成绩不好，也没什么特长，别人肯定不喜欢和我玩，算了还是自己待着吧。"

终于熬到了放学，小男孩低着头，独自一人走在了回家的路上。

这就是一个典型的关于孩子不自信的话题。

5.1.1 一直想要的自信，你了解它吗

生活中孩子不自信的表现有很多形式，大体可总结为三种。

第一种：不敢去争取和尝试，总觉得自己不行，明明会做也

不敢去做，开篇情景重现里的孩子就是这种情况。

第二种：即使做得很好，也不敢接受别人对自己的夸赞，内心依然对自己有很深的否定。有的孩子，不仅学习好，还多才多艺，但是一直觉得自己不够好，总是给自己很大的压力，遇到人际关系的冲突，第一时间也会觉得是自己的问题，觉得肯定是因为自己没做好。

第三种：与前两种相反，过于夸张和骄傲自大，总是喜欢炫耀，用这种方式掩盖心底里的不自信。

在学校里总有一些孩子，在和同学聊天中，忍不住地向同学炫耀，他爸爸开什么样的车，家里住多大的房子，一年能拿到多少压岁钱，用这样的方式去显示优越感，其实恰是自卑的表现。

因为内在越匮乏，越想通过外在的名牌衣服、手机等来证明自己过得还不错。

其实，生活中我们听到太多的人会说自己不自信，那自信究竟是什么？自信是发自内心的自我肯定与相信。

在这里，也请你问问自己，在你的心里，你真的相信自己，会经常给自己肯定吗？当然你的答案也许是：有时候会给自己相信和肯定，有时候不会。

这就要看两种情况里哪一种出现得更多。如果你能够经常性地肯定和相信自己，那相对而言你是比较自信的；如果你很少相信和肯定自己，那可能在你心里就是自卑的。

而一个人的自信程度，也决定了他未来究竟能做成什么样的事情，爱默生说："自信是成功的第一秘诀。"

家长都希望能够培养出一个自信的孩子，但现实生活中，总是有很多孩子不自信。当然，作为家长，你也会跟孩子说："你要自信，别总是这样不自信！"你却不知道，孩子不自信，其实受父母的影响特别大。

5.1.2 究竟是什么束缚了孩子意气风发的脚步

1. 不是不想自信，而是孩子真的不会

许多孩子平时被父母溺爱，被父母保护得太好了，同学们会做的事情他都不会做。你想一想，孩子在同学之间能有自信吗？

比如，我曾经的一个学生，以前和同学出去玩，同学都是自己骑着电动车去，可是她不会，只能让家长开车送。她每次总是羡慕地说"同学们都好厉害"，可惜她不会。

而现在她学会了，同学出去玩，家长问她："你骑电动车去？"她总是爽快地说："你怎么知道的？"语气中充满了自豪。

自信是建立在真的会做基础上的。

2. 缺乏成功的体验，让孩子不敢相信自己真的可以

自信不是说"你要自信"，他就会变得自信的。

举个例子，假设在工作中，领导第一次交给你一个任务，你做得不好，第二次你还是没做好，第三次你又失败了，第四次领导说还要给你一个任务。请问，第一感觉你是觉得自己能做好还是不能做好呢？可能你心里的第一感觉是觉得自己不行，是做不好的！

而反过来说，第一次交给你的任务你做得很好，第二次你又取得好的结果，第三次你又成功了，那么第四次，领导要再交给你一个更大的挑战，你觉得自己行不行？你的感觉一定是我肯定行。

所以，自信是什么？自信就是你做到的事情越多，你就越相信自己可以做到更多。拥有这种成功的体验，孩子才会相信自己真的可以。

3. 天天被否定的孩子，没有自信的基石

假设平时考试，孩子明明考了99分，考得很好了，回家你却说："怎么丢了1分，没考100分呢？小红都考了100分。"下一次，你的孩子考了全班第一，你又会说："如果能考年级第一就好了。"父母总是很挑剔，慢慢地，这个孩子就会很不自信。

因为我们是在别人对自己的评价基础上，慢慢发展出自我评价体系的。

如果你在意的人经常说你不行，你就会内化这一部分，感觉自己真的不行。想培养自信的孩子，就要停止挑剔和否定，要去看到、欣赏孩子做到的部分，然后在这个基础上，一点点地去支持他做得更好。

不要做孩子的差评师，让孩子从你的眼里看到的都是对他的不满、否定，而是学会看见、肯定、欣赏孩子，帮助他建立自信。

5.1.3　如何培养孩子的自信，你只需要"三多模型"

1. 多做事：创造机会让孩子多做事

让孩子多做尝试。鼓励他不断地尝试，可能一开始他不太敢。作为家长别光指挥，先陪伴孩子一起做一做，做的过程中，告诉他做这件事情的要点，然后让孩子再继续去尝试。他只要尝试就是好的开始，在这个过程中你要不断给他鼓励和嘉许。

那多做什么样的事情，才能更好地培养孩子的自信呢？

（1）多做符合三赢原则的事情

符合三赢原则的事情，指的是带来的结果能让我好、你好、大家好的事情。

因此，我们需要让孩子养成习惯，做事前先问问自己，我做的事是只让自己获得价值和利益，还是能给别人、给社会也带来价值。符合三赢原则的事，才是最终成就自己的事。

（2）多做自己承诺的事情

我们要让孩子知道，所有的事情一旦答应了、承诺了，就是自己的事情，不管基于何种原因，都需要为自己的承诺负责任。

在多做自己承诺的事情时，要注意以下三点。

第一点："言出必行，言出必准"，自己承诺过的事情一定要做到。

第二点："有所为，有所不为"，能做的就做，不能做的敢于拒绝。

第三点："接受自己，肯定自己"，只要尽力了，不管结果如何都要学会接受。

2. 多做到：让孩子多做到，获得赢的体验

在多做的基础上，还要尽可能帮助孩子建立成功的体验，拿到好的结果。正如前文所说，你第一次失败，第二次又失败，第三次还是失败，从内心来讲你就很难相信自己是可以的。

我自己曾经就是一个极度不自信的人，因为学习一般，在求学过程中一直寻找让自己变得更加自信的方法。在不断摸索的过程中，我发现，我的物理相对比较好，于是我选择专攻物理，最后，物理成绩每次都是前三名，这给了我很大的自信。后来，我把学习物理的方法和态度用在其他学科上，最终在学习上建立了强大的自信。

当你想要撬起地球时，第一步要做的就是找到一个支点——做自己喜欢的或者擅长的事，努力下去，并且做到极致，获得赢的体验。

所谓赢的体验，也是需要我们自己来定义的，并不只是说孩子考了 100 分或者第一名就是赢。对于成绩本来比较差的孩子，能有所进步，这就是赢。或者是学习不好但体育很强，也可以帮孩子获得赢的体验。

在这个过程中，你要做的是结合孩子的具体情况，帮他建立一个价值体系，让他相信他可以做到，从而愿意多做一点，再多做一点，逐步获得赢的体验。

3. 多嘉许：多因做到而被肯定和嘉许

当孩子做到之后，我们要看到孩子做到的那些部分，要给他一些肯定和嘉许。因为你对他的评价真的很重要，你经常给他正

向反馈的时候，孩子就会觉得很有动力。

比如，在打扫卫生时，老公总是挑剔你这打扫得不干净，那没收拾好，你下次也就不愿意干了。但如果你打扫后，老公给你的反馈是，这个家因为有你的打扫变得干净整洁，待在这样的房子里让人觉得很舒服，你也会很愿意继续做下去。

孩子也是一样。比如，期末考试拿到满意的成绩，可以告诉他，这一次考试能拿到这个结果，是因为你付出了努力，还积极地找老师问问题，遇到困难也不轻言放弃，妈妈为你的努力和坚持而自豪。

所以，作为家长，我们要学会嘉许孩子、肯定孩子，不要再盲目地说孩子不自信，甚至企图通过嘲讽来刺激孩子上进。知其然，才能知其所以然，相信你已经了解孩子不自信的内在原因，以及如何培养孩子的自信了。

沟通锦囊

在遇到孩子不自信的具体事件时，高效沟通＝肯定感受＋分析原因＋逐步引导。首先，肯定孩子内心的感受，当感受被看见的时候，沟通就成功了一大半。然后，找出形成这种感受的原因，便于孩子对自己有更清晰的认识，也便于对未来的改变有更具体的规划。最后，引导孩子未来如何做，让改变从此刻发生。比如，开篇案例中不自信的孩子，我们可以这样沟通。

1. 肯定感受

"孩子，妈妈知道，其实你不是真的不想回答老师的问题，只是你心里有很多的担心和恐惧。"

2. 分析原因

"其实你之所以有很多的担心，是因为平时锻炼得少，妈妈给你自由表达的机会也很少，而对平时做得好的事情，妈妈给你的肯定也不够。所以，你心里有恐惧也是正常的，包括害怕自己回答错了，可能会被老师批评，被同学嘲笑。"

3. 逐步引导

"但今天妈妈想告诉你，与回答得对和错相比，你愿意做一点点的尝试才是最重要的。你由不敢回答问题，到可以带着紧张张嘴回答问题，就是成长进步；你由说一句话，到可以说三句话，也是进步。而妈妈也愿意陪伴你一起成长，相信我们都可以越来越自信！"

5.2 孩子不会交朋友，怎样说让孩子成为人气王

情景重现

"妈妈，我不想在这个学校了，你给我找个新学校吧。"女儿一边走路一边对妈妈说。

听到女儿的话，妈妈立刻停下了脚步，关切地问道："你成绩在班里不是很好吗？怎么还要转学呢？"

"我总感觉班里的同学在排斥我，没有人愿意和我玩儿，我都没什么朋友。"女儿伤心地说。

"女儿好像真的没什么朋友，在小区里也没有人愿意和她一起玩儿。聚会的场合里，别的孩子都玩得很好，但她就很难融入，之前也没觉得是什么大事儿，难道孩子的人际关系真出了问题？"妈妈陷入了沉思之中。

5.2.1 孩子的交友真的那么重要吗

有很多不愿意上学的孩子来找我做个案咨询，我发现在这些孩子里面，高达 30% 是因为不会交朋友。另外，根据调查显示，

性格孤僻、独来独往、没什么朋友的孩子，更容易遭到校园霸凌。同时，没有朋友的孩子，出现心理问题的几率更高，对未来的人际关系也有非常大的影响。

正如人类学家劳弗所说："人是群居动物，如果离开族群，将难以生存。"所以，无论是对成人还是孩子来说，朋友都有非常重要的意义，学会交朋友应该成为每个孩子的必备技能。

有的家长认为，作为学生，只有学习是最重要的，交朋友会占用孩子的时间，影响孩子的学习，应该等孩子成年进入社会后，再去交朋友。其实，这种想法非常不妥，有句话是这样说的："教育的首要功能是促进孩子的社会化，在孩子小的时候就学习如何与人交往，比真正步入社会再进行，要容易得多，而且所付出的代价更小。"

儿童心理学家皮亚杰指出，孩子的童年时代有两个世界，一个是父母和孩子相互作用的世界，另一个是同伴的世界，同伴群体对孩子的发展，起着与父母同样重要甚至更重要的作用。在与朋友的互动当中，孩子很多方面的能力都可以得到锻炼，对孩子的成长有很多好处。

有朋友的孩子，不会感到孤独，相比其他孩子会更自信，能更快地适应新环境；有朋友的孩子，可以通过朋友，认识朋友的朋友，提升人际交往的能力；有朋友的孩子，会照顾别人的感受，学会分享和包容，而不是以自我为中心；有朋友的孩子，会多一个愿意倾听自己、懂自己的人，遇到问题时，情绪可以得到更好的释放；有朋友的孩子，除了和父母的互动，还可以通过朋友接触不同的家庭、不同的观点、不同的世界，提升认知，多元学习……

5.2.2 掀翻友谊小船的四朵浪花

1. 不知道怎么做，缺乏能力

经常见到这样的场景，一群孩子玩得热火朝天，这时旁边的一个小孩非常想加入一起玩，但就是止步不前。这时候，旁边的妈妈就推着他说"去呀去呀，你一起去玩儿呀"，可孩子拉着妈妈的衣角就是不动。

很多人只看到了孩子不合群这个现象，却没有看到这背后的本质，本质就是这个孩子不知道怎么做，不知道上去后怎么开口，害怕开口后被人拒绝和嫌弃。就像你第一次去对象家，他们一家人三三两两凑在一起谈天说地，你作为一个陌生人或者说新人，可能不知道和别人从何聊起，所以也会略显尴尬。

所以，只是给孩子鼓励是不够的，因为单纯的鼓励并没有解决孩子的问题，并没有给孩子增加这方面的方法和能力。因此，他依然是迈不出第一步，自然交不到朋友。

2. 凡事只想自己，自我中心

经常看到有的孩子，吃饭时看到自己喜欢的菜，就飞速地转到自己跟前，然后拼命地往自己碗里夹；也经常看到有的孩子，看到好的玩具，就抢过来自己玩个不停，即使玩了很久了，也依然霸占着不让其他人玩；甚至有的孩子为了逃避责任，犯了错故意推脱诬陷其他小朋友；还有上课随意大声说话、揪同学的头发等。

这样的孩子心里只有自己，没有别人，做任何事情的唯一标准就是自己高兴不高兴，从不考虑别人的感受。没有人喜欢自私自利的人，当对方在你这里得不到尊重和关注时，自然就会远离你，最后孩子就活成了一座孤岛。

3. 内心敏感脆弱，没有自信

有的孩子，自我价值感非常低，表现出来就是胆小、怯弱、没有自信，但他又非常渴望得到同伴的认同。所以，非常在乎同伴的看法。当别人表达不同意见的时候，自己的内心戏就开始上演了，"为什么他们每次都针对我""他们是不是不喜欢我""我是不是真的不够好"，甚至别人一起说个悄悄话，都觉得是在讨论自己、说自己的坏话。

和这样的孩子交朋友，对方会觉得很累，因为说不定什么时候就可能触碰到他敏感的神经。当一个人从心里觉得自己不够好的时候，或者自己都不喜欢自己的时候，又怎么能指望别人喜欢自己呢？

4. 喜欢否定打击，行为偏差

在孩子的人际交往中，经常可以看到一种现象，就是喜欢通过贬低别人来彰显自己，"哈哈，他 1000 米要用 5 分钟，简直比乌龟跑得都慢，我不到 4 分钟就跑完了""这么简单都不会，笨死了，走开走开，看我的""你这手表都落伍了，看我这个是最新款的"。

还有的孩子，喜欢把自己的快乐建立在别人的痛苦之上。比如极力放大别人的短处，嘲讽别人的弱点。

5.2.3 "五个一"交友法，有效提升孩子的人际关系

1. 一个问题：我能为别人做什么

在很多人接受的教育里面，都是想着在这个环境里我能得到什么，在这个人身上我能获取什么，"我觉得自己很孤独，所以想和你交朋友让我不再孤独""我觉得你性格很好，所以我想和你交朋友，这样我就能很开心"，都是在索取。

一个人最大的价值，就是能够为别人提供价值。你能为别人提供多少价值，你能为多少人提供价值，往往就决定了你会有多大的成就。在孩子的人际交往中也是这样，当孩子能够想到自己能为对方做点什么的时候，对方就更容易接受孩子，更愿意和孩子成为朋友。

心理学家迈克尔·汤普森博士曾经讲过一个例子，在一次自由活动时间，大卫来到两个正在玩积木的孩子跟前，他看了一会儿，说道："哇，好酷，这是什么？"其中一个孩子解释道："这是一个停车场。"这时大卫并没有说能不能让我一起玩，而是说："那我去拿一些小汽车来。"并且询问两个孩子应该放在哪儿，很自然地加入了游戏。

所以，要让孩子学会转换思维，多想想别人需要什么，自己能够为这份关系付出什么。

2. 一个秘诀：人都喜欢喜欢自己的人

生活中，我们总想让别人主动来找自己，来和我们交朋友，但实际上，在人际关系里有一个非常重要的秘诀——人都喜欢喜

欢自己的人。也就是说，当我们主动向对方表达善意、喜欢、欣赏时，对方会对我们更有好感，更愿意和我们成为朋友。

我曾经在一个学校里给孩子们做团体心理辅导，其中有一个活动是感恩练习，活动的内容是让学生主动去找曾经在生活中、学习中给过自己支持、值得自己感恩的老师、同学，给爱一个表达的机会，帮助他们建立起更好的人际关系。

于是，很多同学都积极地走动起来，把心中的欣赏、感谢表达给对方。这时，我看到有一个同学坐在椅子上没有动，我好奇地问："你怎么不去参与呢？"只听他一脸无所谓地说："我没有特别想要感谢的人，因为从来也没有人为我做过什么。"

听到他这样说，我看着他的眼睛说："那请问，你有为同学们做过什么有支持力的事吗？"他愣了一下，然后摇了摇头。这时候，我看着他继续说："如果你没有为他们做过有支持力的事，那他们没有为你付出，不也很正常吗？"接着，我又问了他一个问题："那你愿不愿意从这一刻，借由你的主动开始，去创建一份新的关系？比如，走到那个你比较崇拜的同学面前，表达对他的一份欣赏，或者是走到某个你想和他成为朋友的同学面前，去表达对他的一份喜欢。"于是，这个男生就去行动了，而且可以看到他脸上真的多了一分喜悦。

所以，要主动去创造一份关系，别只在那里顾影自怜，觉得是别人不喜欢自己，别人对自己不好，别人不愿意和自己成为朋友。其实，很多时候，事实并不是这样，反而是自己没有让别人觉得你想和他成为朋友。所以，遇到那些喜欢的人，自己就主动去靠近，主动去创造一份关系。

3. 一个允许：允许别人不喜欢你

当你想要和对方成为朋友，向对方表达自己的喜欢时，会出现两种可能：一种是对方也很喜欢你，你们真的成为好朋友；还有一种可能，你想和对方成为朋友，对方却并不喜欢你，不想和你交朋友。往往遇到第二种情况的时候，我们会觉得自己不好，或者觉得别人很坏。其实，我们要明白，这也是很正常的现象。

每个人都需要接受有人不喜欢我们，这就好比有的人喜欢吃芒果而不喜欢吃榴莲，但并不代表榴莲是坏东西，也不代表不喜欢吃榴莲的人就是坏，榴莲依然有人喜欢，内在依然富含营养。

每个人都有自己的经历、感受、需要，你有你的喜欢，他有他的追求，你想和他成为朋友，他也有自己想要结交的朋友。所以，在面对拒绝的时候，放轻松一些，带着敬意允许别人拒绝，允许别人不喜欢你。这样一份允许，会让彼此都更加轻松。

然后，带着你的能量和魅力，继续展示自我，欣赏他人，去寻找和自己志同道合的朋友，继续毫不吝啬地散发自己独特的芬芳，去吸引喜欢你这一款"榴莲"的人。

4. 一个关键：拥有独立的人格

我曾见过一个姑娘，因为家庭条件不好，在和同学相处的过程中，特别喜欢讨好别人，但她发现不管自己怎么讨好，别人都不喜欢她。

直到有一天，她发自真心地接纳别人不喜欢她的事实，也不再幻想通过讨好别人来赢得喜欢，而是开始专注地学习成长，把所有的焦点都放在让自己变得更好上面。慢慢地，她学习更好了，人也更轻松了，反而吸引了很多人来和她做朋友。

后来，在采访她的朋友时，大家说，以前的她虽然讨好，但总让人觉得不自在。当她放下了讨好，感觉她更有魅力了。所以，很多东西是强求不来的，唯有做一个富有人格魅力的、温暖有力量的人，一个闪闪发光的人，才会有很多人想要靠近你。

请记住，人会同情弱者，但只会跟随强者，努力地去活成那个别人想成为的人，你会更容易遇到志同道合的朋友，用你的生命去影响更多的人。

5.一个注意：这几种朋友不值得交

在交朋友的时候，有一些"坑"是不能踩的，一定要让孩子擦亮眼睛、明辨是非，留下真正的益友，为值得付出的人付出，而一些不值得的，要果断放弃，否则会给孩子带来很大的伤害。

不重视你生命安全、置你于危险的朋友不值得交，真正的好朋友不会把你带入险境；不顾你的感受、总让你伤心的朋友不值得交，真正的好朋友不会让你流泪难过；一身"坏毛病"的朋友不值得交，真正的好朋友是并肩前行，而不是牵手堕落。

当然，所谓的"坏孩子"，并不全是孩子的错。如果你的孩子成了大家口中的"坏孩子"，作为父母要去反思自己的教育方式，是什么原因导致孩子开始通过一些不良行为来满足自己的内在需求。

当孩子和所谓的"坏孩子"成了朋友，肯定是对方身上的某些特质吸引了孩子。这时，尽量不要急于让孩子跟他划清界限，全盘否定孩子的朋友，甚至跑上门找孩子的朋友不让他们再来往。这种做法会激起孩子，尤其是青春期孩子的强烈反抗，最终也达不到你想要的效果，他们还会在你看不到的地方我行我素。要让孩子有机会表达自己真实的想法，让他的感受和需要得到理解和满足，这样孩子自然就不会去做一些出格的事情。

📢 沟通锦囊

当孩子不会交朋友，人际关系出现问题的时候，高效沟通 = 稳住四朵浪花 + "五个一"交友法。首先，要弄清楚影响孩子不会交友的具体原因，而孩子又是因为哪方面的原因出现了交友困惑，在教育过程中注意去调整。然后，利用"五个一"交友法，帮助孩子有效提升人际关系。

5.3 孩子被同学欺负，怎样说让孩子免遭霸凌

☀情景重现

"你笑个屁啊，竟敢嘲笑我！"社交群聊里，大女孩恶狠狠地对同班的小女孩说道。

小女孩平时就经常被她叫外号、抢零食，自己也没有她力气大，就想着多一事不如少一事，于是连忙解释："我没有，我只是发个表情而已。"

但大女孩并没有善罢甘休的意思，像吃了火药一样，继续恐吓道："你还狡辩是吧？明天你给我等着！"

第二天，小女孩放学后正准备回家，在路过洗手间的时候，突然被大女孩拽了进去，里面还有好几个帮手，瞬间将小女孩团团围住，"啪啪"两声，只见小女孩脸上留下了两道鲜红的手印，"知道错了吗？给你长点教训！"大女孩面目狰狞地吼道。随即众人便开始对小女孩拳打脚踢……

"求求你们，别打了。"洗手间里痛苦的哀嚎声接连不断，夹杂着小女孩的无辜与无助。从此，本来活泼开朗的小女孩，变得沉默寡言，像换了一个人似的。

5.3.1 校园霸凌，孩子一生的噩梦

有的家长总感觉校园霸凌离自己很远，觉得揪头发、扇耳光等场景只有在电影电视剧里才会出现。其实不然，校园霸凌一直在我们孩子身边。中国青少年研究中心的一项调查显示：6.1%的学生经常被欺负，32.5%的学生偶尔会被霸凌，高达87%的学生都曾遭到过暴力的对待。

更可怕的是，大部分被霸凌的孩子都不会把事情说出来寻求帮助，而是独自承受。曾有一个数据，64%的孩子被霸凌后会选择沉默。这是非常让人痛心的，如果家长不能敏锐地察觉，任由孩子把这件事压在自己心里得不到有效处理，将会成为孩子一生的阴影。

有人说，为什么这种事会发生在我孩子身上。很抱歉地说，大多时候根本没有合理的理由，甚至没有理由，就是看你不爽，仅此而已。曾经在河北某中学的宿舍里，一个女生被其他几名同学团团围在床铺旁边，足足扇了30多个巴掌，竟是因为女孩不肯抽电子烟。

幸福的童年可以疗愈人的一生，而不幸的童年需要用一生去疗愈。所以，作为家长，一定要重视起来，深入地了解校园霸凌，帮助孩子更好地应对。

5.3.2 你必须要知道的霸凌三件事

1. 校园霸凌的区分

孩子正处于青春洋溢、精力旺盛的年龄阶段，彼此之间打打

闹闹甚至出现冲突，是很正常的事情，如果家长区分不清，反而会对孩子的正常人际关系造成不好的影响；但当孩子受到了恶意的欺负，甚至是霸凌，此时如果家长还认为很正常，让孩子不要矫情，就会将孩子推向痛苦难的深渊。家长要充分了解校园霸凌的特性，才能做出正确的区分，以采取相应的方案。

（1）差距性。双方在体力、智力、人力等方面存在较大的差距。比如，智力偏弱甚至存在某些缺陷的孩子，很容易成为施暴者嘲笑甚至攻击的对象。

（2）有意性。施暴者所做的行为是有目的、有意识的，并非无意而为之，他很清楚自己的所作所为将给对方带去伤害和痛苦，但为了满足自己的欲望和需求，依然毫不留情地故意这样做。比如，对方明明表达了不满，却依然给对方起非常难听的外号。

（3）反复性。霸凌并不是一次性的，反复发生是一个非常重要的特征。这里的反复，可以是施暴者反复伤害不同的同学，也可以是受害者反复遭受同样的伤害。

（4）过当性。受害者并没有做错事，即使有过错在先，但不足以成为被霸凌的理由。比如，小刚和小北发生了口角，小北说出了偏激的话，结果小刚叫来几个同学把小北拖到厕所拳打脚踢。

2. 什么样的孩子更容易被霸凌

虽然有时候施暴者在进行霸凌行为的时候，没有合理的理由甚至没有理由，但被霸凌者身上好像都有一些特殊的共性，让他们成为受害者。

没有朋友的孩子。在班级里总有这样一些孩子，性格孤僻，独来独往，没有什么朋友，一直存在于班级的边缘，这样的孩子更容易成为被霸凌的对象。因为对于霸凌者来说难度系数会比较小，而如果你身边有很多朋友，即便对方看你不顺眼也不敢轻易行动。有调查显示，每增加一个朋友，被霸凌的几率就会降低6.76%。所以，要让孩子学会交朋友，减少被霸凌的可能。

身材瘦小的孩子。能力是自信的基础，让一个柔弱的孩子自信勇敢地向霸凌者说不，是一件不容易的事情。强健的体魄是孩子一生的"护身符"。曾经有一个瘦弱的小男孩，在上学时必经的一个路口，总有几个孩子朝他出言不逊、讥讽嘲笑，孩子每次都是战战兢兢地低头快速经过。了解情况后的父亲，把他送到了武术班学习，经过不断的刻苦训练，他逐渐强壮起来，也因此赢得了不少比赛，而上学路上自信从容的气质、坚毅笃定的眼神，也让那几个孩子自动闭上了嘴巴。

缺乏关爱的孩子。有调查显示，义务教育阶段不能和父母一起生活的孩子的比例占到了1/4，而这些孩子遭受校园霸凌的比例高达83.3%，远远高于和父母在一起生活的孩子。即便在一起生活，有的家长对孩子的事情不管不问，当孩子表达需求时还会批评甚至嘲笑。如果霸凌者知道欺负你没人过问、没人关心、没人保护，就会更加变本加厉。

不被尊重的孩子。这些孩子也容易成为霸凌者的对象。因为孩子知道自己的感受在父母那里不被重视，所以会选择沉默。而一味的忍气吞声，却助长了霸凌者的气焰。总是被要求听话的孩子也容易被欺负，这样的家庭模式让孩子认为只有听话才能避免更大的伤害。所以，面对霸凌者的恐吓也会被吓住。你不能指望一个在家里被压抑的孩子，到外面能有力量奋起反抗。

3. 孩子被霸凌的信号和形式

面对校园霸凌，孩子有时候会选择沉默、忍气吞声，但作为家长一定要了解霸凌的形式，懂得识别孩子被霸凌的信号，及时阻断，避免孩子受到更大的伤害。

《人民日报》指出，霸凌的形式主要包含以下几个方面。骂：辱骂、中伤、讽刺、贬抑受害者。打：打架、斗殴。毁：损坏受害者的书本、衣物等个人财产。吓：恐吓、威胁、逼迫受害者做其不愿做的事。传：网上传播谣言，人身攻击。

而出现后面这些信号时，家长要引起重视：孩子身上无故出现淤青、伤痕等；文具、课本等个人物品经常丢失或损坏；个人习惯明显变化，比如非得回家才上厕所；回家后经常情绪低落、精神萎靡；出现自我伤害的行为；出现装病、逃学等极度不愿返校的情况；频繁索要钱财，甚至想尽办法偷钱；谈及学校的事情时非常敏感；书包里出现保护工具（刀、棍等）；经常失眠、做噩梦，甚至尿床等。

5.3.3 四意识守护盾，帮助孩子免遭校园霸凌

1. 底线意识：让自己和别人清晰底线

心理学家丽兹·巴多里在其著作《安抚孩子的艺术》一书中指出，有些孩子欺负别人时，并非完全为了给对方造成伤害，而

仅仅是想知道，被欺负的孩子的底线在哪里。所以，当别人触碰了你的底线时，一定要勇敢地说不，否则对方会不断地下探。我们要善良，同时我们的善良也要有锋芒。另外，教育孩子在面对霸凌事件的时候，也要有底线，知道什么该做什么坚决不能做。

首先是身体底线。绝对不允许任何人以任何形式伤害自己的身体，一旦身体底线被突破，将会四面楚歌。当别人触碰你的身体底线时，可以先进行言语的警告，你坚决的态度有时可以击退霸凌者。如果警告无效，还手也是可以的。一味地退让不仅会助长霸凌者，还会让自己更加压抑。当然这要基于一个判断，就是双方力量相当，如果明显力量差距很大，要知道逃跑并不是一件丢人的事，然后再寻求其他帮助。

其次是生存底线。有的孩子被霸凌以后，也成了恶的实施者，走上了霸凌者的道路。要让孩子明白，并不是除了被欺负以外，只有霸凌一个选择。要有一个底线，即使身处泥潭也不能就此沉沦，心中始终保有一束光，照向自己未来的模样。

最后是生命底线。在经受了校园霸凌之后，因不堪其辱、心理崩溃而选择结束自己生命的不在少数。人生不是游戏，结束了还可以再重来。每个人来到这个世上都是被欢迎的，也都是有其独特的意义和价值的。所以，要告诉孩子，遇到任何情况都不能有轻生的念头，家长始终会和他在一起。

2. 表达意识：遭遇霸凌要勇敢表达

孩子在遇到校园霸凌的时候选择沉默，是导致事态持续升级的最重要因素，而父母因为工作和生活的压力，有的时候可能很难面面俱到、明察秋毫。所以，孩子的表达意识就显得尤为重要。当孩子在遇到问题时，能够向家长吐露心声，就为事情的解决加快了进程。

首先，家长要给孩子普及关于校园霸凌的相关知识。比如，校园霸凌都有哪些形式、特征等。其次，让孩子明白，很多人都会遇到这种情况，这是非常普遍和正常的，不是一件丢人的事。家长可以通过自己或别人的经历，也可以通过绘本故事，让孩子看到别人是如何面对和解决的。最后，当孩子真正了解之后，要鼓励孩子勇于表达才会有效。当然，这一切的前提是有一个良好的亲子关系。如果平时孩子和父母的关系就不好，沟通也不多，那在学校遇到问题时，孩子也不会向你诉说。所以，平时就要注意亲子关系的建立和家庭氛围的维护。

3. 后盾意识：让孩子感受到有人为他撑腰

当孩子鼓起勇气寻求帮助的时候，大部分父母是怎么做的呢？"一个巴掌拍不响，这么多人，人家为什么偏偏欺负你，是不是你先找事儿""光知道哭哭哭，有本事打回来啊，怂包一个""行了，又没什么大不了的事儿，好好学你的习，别理他们就是了"。

后来孩子慢慢不向我们表达了，就是因为他们觉得说了也没用，甚至还会受到来自父母的二次伤害，明明伤口已经很疼了，结果父母硬是再补一刀。如果说学校里的是霸凌，那么父母的漠视和嘲笑就是凌迟。长时间被忽视的孩子，更无力去面对校园里的一地鸡毛了，就像阿德勒《自卑与超越》中说的——被忽视的孩子，当面临生活问题时，他总会高估其中的困难，而低估自己应付问题的能力。

一定要重视孩子的感受和需要，让他只管勇敢地往前走，无论何时，当他回头，父母永远在他身后，哪怕是天塌下来，都有爸妈帮他顶着。抬头有人顶着，身后有人撑着，这种强烈的安全感，会让他无所畏惧、勇敢面对。因为他知道父母是他永远而且可靠的后盾。

4. 干预意识：必要时家长介入解决问题

遇到问题，首先教给孩子自己去处理，但如果事情严重到仅凭孩子的能力无法解决时，家长有必要及时介入，帮助孩子解决问题。

有一位家长去接孩子放学时，看到有一个孩子正在欺负自己的孩子，于是过去就是恐吓还动了手，这一幕正好被前来接那个孩子的家长看到，结果两位家长扭打在一起，最后双双进了派出所。

我们所说的介入，并非以上两位家长的做法，因为这不是解决问题的有效方法。我们可以向学校或者孩子的老师反映情况，让他们更进一步做好相关方面的管理工作；也可以联系霸凌者的父母，请他们做好自己孩子的教育工作；必要时可以举行三方会谈，抱着正确的态度，拿出一个解决方案；甚至可以通过法律途径维护自己孩子的权益。

学生时代，本就是孩子一生中最美好的回忆，是一个人梦开始的地方，希望孩子们都有一个美好的梦。

沟通锦囊

文章开头中的小孩，属于被同学恶意欺负的情况，对此，高效沟通＝理解孩子＋头脑风暴＋联系老师＋后续跟进，具体如下。

（1）理解孩子：理解孩子的情绪感受，肯定他害怕的情绪，同时让孩子知道这不是他的错，被欺负不是孩子不好，是那个同学的问题。

（2）头脑风暴：当孩子的情绪平复后，可以问孩子，我们还可以有什么样的应对方法；当同学欺负你的时候，你可以做什么。然后，把所有想到的方法都写下来。最后，再一起选一个最有效的方法。

（3）联系老师：给老师打电话，沟通孩子遇到的情况，让老师帮助孩子一起处理这件事。

（4）后续跟进：而后几天我们还需要跟孩子继续交流，确保事情真的处理好了，并且孩子不会因为这件事情留下心理创伤，还学会了更好应对冲突的方法。

5.4 孩子"早恋"，怎样说让孩子正确面对青春期情感

☀ 情景重现

周末上午，初中的儿子洗完头发，正在用吹风机给自己做着造型，自从上了初中以后是越来越爱打扮了。

"老公，你在干吗呀？有没有想我？"儿子手机上突然弹出了一条信息。而这刚好被坐在沙发上休息的妈妈看到，她带着好奇和担忧打开了聊天记录，结果更多暧昧的话映入眼帘，儿子"早恋"了！

"你给我过来！"妈妈气愤地说，"你是不是谈恋爱了？"

儿子被妈妈的突袭搞得有点惊慌，"我哪有？没有没有。"儿子闪烁其词。

"还狡辩，我都看见了，小小年纪就谈恋爱，知道什么叫恋爱吗？知道什么叫责任吗？不知道会影响你们的学习吗？抓紧给我断了！"妈妈一边说，一边挥舞着手机。

儿子看到暴露了，气急败坏地说："你凭什么看我手机，这是我的隐私，就谈恋爱了怎么着，不用你管，还给我！"说完一把抢过手机摔门而去，留下妈妈一人暗自神伤。

5.4.1 面对孩子的"早恋"，你害怕了吗

有个六年级的小男孩，他曾写过一篇作文，一直感动着我。其实，与其说是一篇作文，不如说是一封情书，内容大概是这样的：

小男孩本来是一个不努力、内心消极的人，通过一次座位调换，他和一个小女孩成了同桌，刚开始也很平淡，因为他们并不熟悉。后来通过观察，他发现小女孩虽然不是一个有天分的人，但是一个很上进的人，不管主科还是副科成绩都很好，而且还很开朗。看似粗心大意的小男孩，把观察到的一切都藏在了心里，甚至开始对小女孩有了仰慕之情。

就这样过了两个多月，小男孩突然发现自己好像变了，开始有了沉思的习惯，也会反省自己的过失，会去思考现在的自己和未来的路。他也说不清为什么，只觉得像是一束光射进了自己的生命，曾经的那些迷茫都不见了。

后来小男孩的座位被调换了，他突然觉得有些失落，像是黑夜中在海上航行的人没了灯塔，被黑暗笼罩着。他想自己肯定又会回到从前的状态，可是每当小女孩出现在他的脑海，他就感觉世界又亮了，原来她就是那束光。

小男孩开始追随小女孩，他要让自己变得和小女孩一样优秀，通过大量阅读修炼自己的耐性与气质，无论多忙午后都会冥想，无论多晚睡前都要反省。从此，小男孩谈吐再无不雅之词，行为再无不正之举。

正是因为小女孩这一束光，让他从一个消极散漫的人蜕变成了一个积极进取的人。

看完这个故事，你是不是也觉得特别美好？

在做教育咨询的过程中，有很多家长都会和我说，随着孩子进入青春期，自己最害怕的事情就是孩子会"早恋"。那究竟什么是"早恋"呢？

青春期恋爱，俗称"早恋"，是 18 周岁以下的青少年建立恋爱关系或对他人产生爱意的行为。"早恋"一词隐含来自社会观念的否定色彩。

绝大多数的父母，在面对孩子"早恋"的时候，焦点都在"早恋"的行为上面，轻则善意提醒，重者言语威胁，甚至还会出面强行干预，不仅伤害了孩子，还破坏了亲子关系。

我们之前谈到了著名的"南风"效应，北风和南风比威力，北风吹着呼呼寒风让行人把衣服裹得更紧，而南风用徐徐吹动的暖风轻松取胜。"南风"之所以能达到目的，就是因为"南风"顺应了人的内在需要；"棍棒""恐吓"之类的"北风"式教育方法是不明智的，也是不可取的。

透过现象看本质，所有外在行为都是内心世界的呈现。当面对孩子"早恋"时，我们不能一味地恐惧、焦虑、批评、控制，真正要做的是了解"早恋"背后的原因，给予正确的引导。

5.4.2 究竟是谁"抢走"了青春期的孩子

1. 生理因素

随着孩子进入青春期，下丘脑、垂体、生殖器官逐渐发育成熟，体内性激素的含量也不断升高，而性激素的分泌，会引起一系列身体特征的变化，称作"第二性征"，让孩子本能地对异性产生好感。

这就像正负电荷一样，异性相吸，是孩子身体发育日趋成熟的标志，是一种正常的、自然而然的生理现象。

2. 内在缺爱

在一项调查中显示，往往那些单亲家庭的孩子，内在缺爱、经常被忽略的孩子，更容易沉迷于恋爱而无法自拔，会把别人对他一点点的好，就当成是爱，而且在恋爱的过程中，没有原则和底线。

心理学家武志红老师曾经分享过一个案例：一个小女孩和一个男生走到了一起，当问到她是否喜欢这个男生时，小女孩说也不知道喜不喜欢，但是除了这个男生，从来没有人那样关注过她、对她好过！

所以，对于这个小女孩来说，这一场恋爱，其实就是内心对爱深深的呼唤。

当父母面对孩子"早恋"的时候，值得思考的是，你给孩子提供了什么品质的爱。

3. 寻找价值感

曾经我有一个初三的学生，他就和我分享过，之所以会谈恋爱，是因为在生活中，不管他做什么，都很少能够获得父母的肯定和认同。只有在那个女孩那里，不管他做什么，女孩都相信他可以做得好，和那个女孩在一起会让他觉得有价值感。

然后，我给他说了一段话："很感谢那个女孩，在那些生活不够美好的时刻，还有一个人能告诉你，你可以的、你很好，感谢她带给你的这样一份支持，让你相信你的存在是有价值的。不管以后你们究竟能走多远，就把这份价值留在你心底里吧！同时，我也希望，借助这个女孩，你能够找到自己生命的真正价值所在，不仅仅是对她，也是对你的家庭，对你的班级、学校，对我们的社会、国家，以及对这个世界。"

后来，这个学生进入了自己理想的高中，非常阳光优秀。所以，很多孩子在恋爱中其实想要找的，也是一份内在的价值感。

4. 向往美好

人人都喜欢美好的东西，也希望自己可以变得更好。有的孩子谈恋爱，其实喜欢的只是这个人身上美好的品质，以及通过喜欢这个人，就感觉自己也拥有了这些美好的品质一样。

所以，不少的孩子在恋爱过程中，其实是借助喜欢对方那个人，感觉自己也变得更优秀了，这是一份对美好的向往。

我上初中的时候，就特别喜欢我们的物理课代表，那个男生特别聪明，每次考试都能够轻轻松松考第一。借助于喜欢那个男生，我就告诉自己，我也要好好学习。所以，虽然没有谈恋爱，但在这份喜欢的影响下，我上高中的时候，也做了三年的物理课代表。

对那个男生的喜欢，其实就是一份对美好的向往，想让自己也变成一个优秀的人。

所以，当家长在面对孩子谈恋爱的时候，不要着急一棍子打死，而要带着对孩子的理解，跟孩子做一个沟通和交流，让这份感觉激励孩子成长。

5.4.3　青春四问，正确解决孩子"早恋"问题

下面，我将通过多年实操个案总结出来的青春四问，让大家明白，面对孩子的"早恋"问题，应该如何正确引导，积极解决。只需要学会问这四个问题，就会给孩子非常有支持力的帮助。

为了帮助大家更好地理解，我会借用曾经帮助的一个高一孩子的真实案例。

1. 你喜欢对方身上哪些品质

当我问到"你喜欢对方身上哪些品质"的时候，他想了一下，告诉我说："这个女孩学习很好，经常给我鼓励，长得很可爱，她的家庭条件不是很好，但是特别要强。"

在这个过程中，我会不断地去问他"是否还有需要补充的"。当他都说完的时候，我会把他说的这些品质总结在一起，做一个梳理。

这个问题可以帮助孩子，借由喜欢这个人，引申到他究竟喜欢的是对方身上哪些美好的品质，引导孩子由朦胧的喜欢，变成对内在美好品质的关注。

2. 你自己身上有哪些好的品质

当我跟他说："这个女孩之所以会同样喜欢你，一定是因为在你身上也有很多美好的品质，你能和我说一说吗？"他也静下心来，想了想自己，比如说很有耐心，对女孩很好，会打篮球，

很有责任感。

当他说完之后，我会及时给他一个肯定，让他知道，他也是一个拥有很多美好品质的男孩，从而让他内心更有力量，而且也会鼓励他继续发扬这些美好的品质，以及为自己增加更多好的品质。同时，用这些品质，给别人带去更多的支持。

所以，这个问题就可以帮助他，对自己有更加清晰的认知，以及在认知自己的基础之上，去创造一个更好的自己。

3. 你们谈恋爱的目的是什么

一开始我这样问的时候，他并不是很明白，然后我问他："你们谈恋爱的目的是想让彼此都变得更好呢，还是想让彼此都变得不好？"

他告诉我说："肯定是想让彼此变得更好呀。"

我说："是的，所有这些美好关系存在的核心意义，就是借由遇见彼此，都能够遇到一个更好的自己。所以，我希望，你遇到这个女孩，不仅仅是现在满心欢喜，更是在若干年之后，你回忆起对方的时候，依然觉得遇见她真好，是一份满满的感激与欣赏。而同样，我也希望这个女孩，未来在想到你的时候，也觉得是因为有你，让她的生命变得更好。我想，在一份关系里，彼此成就才是你们彼此遇见、彼此喜欢最美好的意义。"

他连连点头，表示认同。

这个问题的目的，就在于帮助孩子明白谈恋爱是为了支持对方变得更好，而且不仅是站在现在的时间角度，更是从未来的角度去考虑。当他知晓这一点的时候，其实就会越来越好。

4. 你怎么做可以支持彼此更好

当我问到这个问题的时候，男孩就主动告诉我，不能因为谈恋爱而耽误了学习，自己要更努力，也不能在学校里做让老师为难、让家长担心的事，只是彼此相互鼓励。

这个问题就是让孩子能够把焦点放在约束自己现在的行为上面，毕竟对未来最大的慷慨，就是把最好的一切献给现在。

苏霍姆林斯基说过这样一段话："爱情，是对人道主义的最严峻考试。我们应当从一个人的童年和少年时期就培养他去迎接这场考试。"

每个人的青春，都是一段美好的年华。愿在这美好的青春岁月里，因为有一个你喜欢或者喜欢你的人，而让你努力去变得更好。也愿我们每一位家长，都能够正确地引导孩子，借由青春期的"早恋"，给孩子上一堂关于亲密关系的重要课程。

沟通锦囊

当发现孩子有"早恋"的情况时，高效沟通＝分析原因＋青春四问。首先，破除提起"早恋"就如遇洪水猛兽般焦虑恐惧的态度，弄清吸引青春期孩子进入恋爱状态的四大要素。然后，运用青春四问，帮助孩子正确面对青春期情感，也激励孩子们彼此一起越来越好。

5.5 孩子性格内向，怎样说激发孩子花样人生

☀ 情景重现

这一天，妈妈带着 6 岁的男孩正在逛商场，恰巧遇到了自己的同事。

"儿子，快叫人呀！"妈妈示意男孩给同事打招呼。男孩却躲到了妈妈身后，紧紧地抱着妈妈的腿，半天才露出一个小脑袋，用微弱的声音说道："阿姨好。"

同事笑了笑说："你儿子太腼腆了，一个男孩这么害羞怎么行。"

"是啊，平时就喜欢一个人待着，也不找同学玩儿，"妈妈无奈地说道，"我和他爸都这么外向，一点都不随我们，愁死了。"

听着两人的对话，男孩的眼睛里顿时少了许多光芒。

5.5.1 你担心的内向真的那么糟糕吗

在做家庭教育的过程中，听到过太多家长抱怨孩子内向。"我家孩子非常听话，学习成绩也好，基本不用我操心"，但这句话后面往往还跟着一句，"哎，就是太内向了"；也会听到有人说"你

这么内向可不行呀，以后在社会上不会受欢迎的"；甚至有人会说"成天跟个闷葫芦似的，以后能有什么出息"。

好像一提到"内向"这个词，大家脑海里就会出现孤僻冷漠、自卑懦弱、不善言辞等画面，这些特殊的含义总是透露着一种同情、怜悯、责备的味道。家长总希望孩子能够变得外向一些，因为在家长的潜意识里，内向是一种性格缺陷，孩子要想更好地融入社会，必须要改变这种性格。

其实，任何一件事，最重要的是话语权。鉴于内向者不喜欢表达的特点，所以，话语权一般都由外向者掌握着。自然人们都只记得外向者的优势和内向者的劣势，让人们忽略了内向也有其独有的力量。

学者琳达·西尔弗曼，曾经对社会上的精英人士做过一项长达 30 年的调查，通过这项研究发现：有 70% 的精英人士更倾向于内向性格，而且智商越高的人，内向性格的倾向越明显。

有一个小男孩，他不喜欢出门和朋友玩，总喜欢一个人待着，甚至有时入迷的时候妈妈叫他吃饭都不理。在属于自己一个人的时光里，他可以抱着《世界图书百科全书》看几个小时，也可以一个人在寂静的地下车库摆弄他视若宝贝的器械。妈妈担心他心理有问题，于是带他去看心理医生，医生最后给了孩子妈妈一个建议——"你最好不要干涉他"。这个人就是后来的比尔·盖茨。

著名作家村上春树，也是一个出了名的性格内向的人，他曾这样介绍自己："我是一个不爱说话的人，偶尔会口若悬河，但平常都是闷葫芦一个。"大学里可以半个月不跟人说一句话，工作后也是能不露面就找人代劳，曾经尝试改变，后来还是放弃了。他说："一个人安静地待在井底，是我做了一辈子的梦。"

所以，内向真的像你认为的那么糟糕吗？可能未必，不是所有的鱼都生活在同一条河流，要允许有些人享受热烈的年华，同样也要允许有些人拥有安静的青春。

5.5.2 带你了解内向和外向的真相

心理学家卡尔·荣格，于 1913 年在慕尼黑第四届国际心理分析学大会上，作了有关人格内倾与外倾方面的演讲，并在 1921 年出版的《心理类型》一书中，对内向和外向作了具体的阐释。他认为，两种性格并没有好坏之分，只是获取能量的方式不同而已。

外向者倾向于把心理能量投注在外部世界，并通过与外界的互动获取能量。这样的孩子，他的兴趣点往往会被外界的客体吸引。所以，表现出来的特点就是不怕生，善于表现，很容易和别人玩到一块。

内向者倾向于把心理能量投注在内心世界，并通过与自我的独处获取能量。这样的孩子，他的兴趣点不会跟随外界的客体，而是聚焦在自我主体上面。所以，表现出来的特点就是厌交流、善独处，最喜欢一个人静静地待着。

通常人们都会认为，外向性格更受大家的喜欢，内向性格则有点格格不入。其实这是一种偏见，因为很多人都只看到了外向者的优势，却忽略了内向者的力量；只看到了内向者的缺点，却忽略了外向者的短板。

外向的人社交能力强、做事爽快，喜欢和别人聊天，喜欢在大众面前展现自我，等等，给人一种自来熟的感觉，相对容易让陌生人在短时间内记住甚至赏识自己。同时，有时也会口若悬河、喋喋不休，在一件事上难以专注和坚持。

内向的人不喜社交、讨厌冲突、沉默寡言，一个人待上一天都不会觉得无聊，给人一种冷漠孤僻的感觉，甚至看上去有点呆呆。同时，他们更喜欢思考、善于观察，正像詹姆斯·罗杰斯的那句话，"溪浅声喧，静水流深"；他们也可以用自己的方式成就大业，比如比尔·盖茨、村上春树等，用平和的方式，同样可以震撼这个世界；内向的人更容易获得高质量关系，他们因为社交范围较小，一旦建立友情，就会真诚相待，他们不喜欢与人说三道四，是秘密的保守者，是绝佳的倾听者，是值得信任和深交的人。

5.5.3 性格三法，助力孩子花样人生

1. 允许接纳暖心法，让孩子汲取认同的力量

很多孩子沉默寡言，不是天生如此，而是原生家庭造成的，是父母的互动方式造成的，"你说的什么呀，半天说不到重点上""别烦我，我这一堆事儿呢"，甚至直接不理孩子，孩子慢慢地就会觉得和别人互动会受到伤害，还不如自己待着呢！很多时候，不是孩子主动关上了那道门，而是家长忽视了孩子的需求，给他们造成了深深的伤害。如果你是这样的家长，就真要重视和调整自己和孩子的互动方式了。

如果你的孩子是内向的性格，与强制纠正相比，第一步要做

的更应该是允许和接纳。因为当你带着"内向的人没有人喜欢，不受欢迎"的偏见，向孩子传达内向是缺陷的信息时，孩子就会感到自卑；当你带着"外向的人更受欢迎、更有出息"的期待，向孩子传达内向需要纠正时，孩子就会痛苦。

心理学里面有一个标签效应，指的是一个人被贴上某种标签后，他会自动地进行自我印象管理，最终活成标签里的那种人，尤其是负面标签，会把孩子禁锢在负面的人设里。所以，不要把内向等同于害羞、孤僻、没用、放不开、没礼貌等，更不要把这些负面标签贴到孩子身上。

有的人自己内向了几十年，却无论如何接受不了自己的孩子内向；还有的人在意别人的眼光，接受不了别人觉得自己的孩子内向。这些家长首先要正确而全面地认识内向，从心里接纳和允许，当孩子感觉到无论自己是什么样子，都可以得到爸爸妈妈的认同，心中就会燃起希望和力量。

社会对孩子的定义不是最致命的，父母的态度才是。当父母给予孩子希望和力量的时候，无论孩子是内向还是外向，都可以活出精彩的人生。所以，与强制改变相比，更重要的是爱，是允许和接纳。

2. 内在动力突破法，让孩子从内向走到内秀

我们一直做积极心态方面的课程，很多孩子通过课程会自动自发地变得更加活跃，也有的孩子依然内向，但是他已经不同了。因为内在充满了力量，已经从"内向"走到了"内秀"。内向≠自卑，外向≠积极，更重要的是内在动力。

如果你的孩子是一棵树，你要做的就是给他一壶清水，让他可以向下扎根向上成长；

如果你的孩子是一条鱼，你要做的就是给他一片海洋，让他可以全力向前尽情遨游；

如果你的孩子是一只鹰，你要做的就是给他一方蓝天，让他可以搏击长空展翅翱翔；

如果你的孩子是一朵花，你要做的就是给他一点时间，让他可以喜迎微风含苞待放。

当一个人有足够的内在动力时，可以不爱说话，也可以讨厌社交，内向外向也没有那么重要。因为只要他在一条正确的道路上，终会找到自己存在的方式，把自己的特质变成核心竞争力，他也会找到自己认为的与这个社会最舒服、最适合的契合点。

一颗柠檬，它存在的意义就是充满生命力然后努力变酸。如果你强迫它变甜，不仅是无用功，而且双方都会很痛苦。所以，相比强制改变，更重要的是激发内在动力。

3. 正向反馈激励法，让孩子激活更多可能

西尔维亚·洛肯在《性格拼图》一书中说："你的性格塑造了你，但它没有锁定你。"其实，每个人都是一颗钻石，都有很多的面。父母在接纳孩子内向的基础上，可以通过正向反馈，激发孩子活出更多的可能。

学校邀请我去讲课时，谈到这个话题，我经常会请两位家长来到台上。其中，一位的角色是性格内向的小明，另一位的角色是性格外向的小红。然后，我会对小明说："你看看你，成天像

个闷葫芦似的，什么时候向人家小红学学，看人家多活泼！"接着，我问她什么感受，她表示很难过。你以为小红很好过吗？也许她的妈妈也会像我这样跟她说："成天上蹿下跳，什么时候能像人家小明一样，安安静静地做点事儿！"当我问道她的感受，她也表示很伤心。

通过挑剔、比较的方式教育孩子，只会让两种性格的孩子都非常苦恼，那我们家长应该如何来做呢？在这里，给大家推荐一种新的方法——正向反馈激励法，一共有四个步骤。

第一步：看到并且欣赏孩子本身拥有的美好特质。

第二步：肯定这份美好特质存在的价值和意义。

第三步：提出自己期待孩子能够增加的某样特质。

第四步：描述增加这份特质后带来的好结果。

下面我们就一起试试，如何用正向反馈激励法来激励小明和小红。首先，对于内向的小明，我们可以这样说：

小明，在妈妈心里，你一直是个做事认真、负责任的孩子，不管什么事情，只要交给你，妈妈都很放心。（第一步：看到并且欣赏孩子本身拥有的美好特质）

我想不仅是妈妈，所有那些和你接触的人，心里对你的感觉也是踏实、可靠。（第二步：肯定这份美好特质存在的价值和意义）

同时，妈妈也知道，你其实是有很多好想法的，妈妈也希望接下来，你能够更积极主动地把自己心里那些好的想法分享和表达出来。（第三步：提出自己期待孩子能够增加的某样特质）

让更多的人可以因为你的分享而受益，同时也是给你自己、

给别人一个更了解你的机会，你愿意试一试吗？（第四步：描述增加这份特质后带来的好结果）

如果你是小明，听到妈妈这样说，是不是也会更愿意去尝试一下？对于外向的小红，我们又可以如何来激励她呢？大家可以试着用正向反馈激励法的四个步骤来练习一下。

看完对小明的引导，以及你自己对小红的案例进行梳理之后，就可以尝试运用正向反馈激励法的四个步骤和孩子做一次激励式的沟通了。

沟通锦囊

当孩子不爱社交、沉默寡言、性格内向时，高效沟通 = 了解真相 + 性格三法。首先，要对内向和外向有一个全新而全面的认识，放下之前对内向性格的偏见。然后，运用性格三法，激发孩子更多可能，帮助孩子创造花样人生。

第 6 章 亲子关系

孩子德才兼备的教育逻辑

6.1 孩子"白眼狼"，怎样说培养感恩孝顺的孩子

☀ 情景重现

"宝贝，我们计划的旅行可能去不了了，妈妈最近身体特别不舒服。"躺在床上的妈妈用疲惫的声音对女儿说道。

"什么！不去了？我可是期待了很久啦，你什么时候生病不好，非挑这个时候，你是不是故意的，把我的计划都打乱了。"女儿气愤地说道，对生病的妈妈没有丝毫关心。

过了一会儿，妈妈想喝杯热水，因为身体实在太难受，于是对女儿说："宝贝，帮我倒杯水好吗？"没想到不仅使唤不动，还惹得女儿大发脾气，"没看我忙着呢吗？你是生病了，又不是瘫痪了，自己不会倒吗？"

想到自己付出了那么多，女儿却如此不懂感恩，妈妈顿时觉得没了盼头，转过头偷偷抹起了眼泪。

6.1.1 感恩的孩子是父母一生的福气

据调查，现在的中小学生感恩意识普遍淡薄，感恩行动普遍

欠缺，而父母对孩子的感恩教育也是少之又少。把什么养成习惯，什么就会被认为是理所当然。如果你把孩子的感恩行为养成习惯，孩子对那些不孝敬父母的人就会嗤之以鼻；但如果你把孩子的一味索取养成习惯，他就会认为父母的付出很正常甚至是义务，当你某次没有达到他的要求时，他可能瞬间就会与你反目成仇。

一位父亲早年得女，可不幸在女儿年幼时，就成了一位单亲爸爸，本就爱女心切的他，再加上内心的愧疚，从此对女儿唯命是从。女儿想出国留学，他就将攒了一辈子的 300 万元存到银行卡，每年给女儿 30 万元，女儿不够用可以再追加。女儿却想尽办法偷走了银行卡，把钱全部转入自己卡中，在国外和男友肆意挥霍，并且把父亲和亲人全部拉黑。

人生最大的悲哀，莫过于倾其所有，却养出了一个不知感恩的孩子。莎士比亚在《李尔王》中写道："不知感恩的子女，比毒蛇的利齿更能痛噬人心。"

一个父母的成功不是培养出多么有出息的孩子，而是培养出懂得感恩的孩子。一个懂得感恩的孩子，会让人感到温暖，会让人得到极大的滋养。

有一位父亲，因为穿得不好怕给女儿丢人，就不想去参加家长会，女儿知情后一把抱住父亲，哭喊着说自己从来没有嫌弃过爸妈；有一对双胞胎兄弟，分别被保送北大、中科院博士，假期轮流到工地帮妈妈搬砖；有一个小男孩，回家前给没吃午饭帮自己看病的医生买了一块面包，并留下感恩的字条。

子路百里负米，韩信一饭千金，闵子骞芦衣顺母，等等，古人的感恩故事也一直在影响着后人。《增广贤文》中说道："鸦有反哺之义，羊有跪乳之恩。"动物尚且如此，何况人呢？作为父母，也许不图孩子报恩，但一定要让他学会感恩，因为只有懂得感恩的孩子，才会有幸福感，才会有责任感，才会在未来的人生道路上走得更远，否则，就会真的害了他。

6.1.2 把孩子养成"白眼狼"的三只"羔羊"

1. 过度付出，让孩子眼里只有自己

孩子小的时候，什么都不让他操心，他只要管好自己的学习就行；孩子长大了，好吃懒做一味索取，父母又抱怨孩子自私自利不懂感恩。孩子没有感恩之心，毫不客气地说，罪魁祸首就是父母。正是父母过于无私，才让孩子有机会变得自私，父母的溺爱是孩子没有感恩之心的最重要原因之一。

孩子看见一个东西想要，即使家里有，一哭闹接着就给买；明明自己赚钱很辛苦，上千块的鞋子孩子说买就给买；有好吃的父母就一味地往孩子碗里塞，孩子说你也吃呀，父母却说自己不喜欢；父母身上大包小包的行李一堆，孩子却空着手昂首阔步往前走。甚至有个母亲，在女儿上大学的时候发了个广告招聘保姆，因为孩子从小娇生惯养，自己又没时间跟着，就想通过这种方式继续照顾孩子。

当孩子出生的那一刻，父母都想尽自己最大的努力，让孩子过最好的生活。爱是没有问题的，爱得太多就未必了。很多父母给孩子的爱不是太少，而是太多，这就导致了过度满足，让孩子

形成一种错觉——父母为孩子付出是天经地义的。当有这种感觉的时候，孩子怎么会感恩呢？忽视父母的需求，自私自利，就成了很自然的事情。

2. 消极影响，父母对老人本就不好

有一位老人年岁已高，吃饭时因为手抖，经常撒得到处都是，孩子妈妈就给老人拿了一个破碗，盛一点饭菜让老人到一边去吃。后来老人走了，这个妈妈在整理东西的时候，想要把这个破碗扔掉，结果，孩子很平和地说了一句："不要扔，以后你老了，我还要给你用呢。"当时，这位妈妈泪如雨下，意识到了自己的错误，也意识到了自己对孩子的影响。

也有一个女孩子，问了妈妈一个问题："以后，我能送你去养老院吗？"妈妈感到很震惊。原来是前段时间，自己在和兄弟姐妹商量老母亲的安置问题，"妈妈腿脚不方便，在谁家都麻烦，还不如去养老院""我们天天工作那么忙，哪有时间照顾""我们还得照顾孩子，根本应付不过来"，这些话全被孩子听进去了，所以就有了前面那个问题。

有很多家长，对孩子倒是很上心，对父母却没有耐心，甚至会当着孩子的面嫌弃父母、苛责父母，慢慢地孩子就从父母这里学到了对待长辈的方式。所谓上所施下所效也，父母的所作所为，都会被孩子看在眼里、记在心里，形成自己的价值观，孩子会从心里会认为这些行为是正常的。这就是原生家庭带给孩子的影响。

3. 耽误成长，父母缺乏智慧支持

世上最可悲的，莫过于父母在等着孩子感恩，孩子却在等着父母道歉。说实话，其实有很多孩子，心里对父母是有埋怨的，因为他们觉得父母没有真正地支持过自己，甚至因为父母的溺爱，曾经的不加约束，导致自己在错误的道路上越走越远。

我曾经做过一个个案，一个"啃老族"的男孩，天天宅在家里，哪儿也不去，他对其他人都很好，唯独对父母的态度特别恶劣。而他之所以这样，是因为他觉得自己成长得不好，都怪父母以前过于溺爱他，剥夺了他成长的权利，没有培养他在这个社会上生存所必需的各项能力。

一直流传着这样一个故事，清朝的一个死囚，在行刑前向母亲提出了再吃一口母乳的请求，母亲答应了，结果死囚死死地咬向了母亲，导致母亲晕厥断气而死。然后，死囚大喊几句："娘啊，谁让你在我十几岁时还喂我奶呢？谁让你不教我做人呢？谁让你这般纵容呢？我走到今天不都是你害的吗？我恨你啊！"说完，冲向了刽子手的刀，结束了自己的生命。

亲子关系最终的目的是分离，而在分离之前，父母要做的就是锻炼出孩子未来所需的各项能力，包括情绪管理能力、沟通表达能力、团队协作能力、人际交往能力、面对挫折的能力等。如果父母因为怕孩子吃苦整天捧在手心里，从而让孩子在该锻炼的年纪没有得到成长，那么在该分离的年纪，孩子就会觉得迷茫。父母没有给予孩子真正有效的支持，最后落个埋怨也很正常。

6.1.3 五字箴言法，培养感恩孝顺的孩子

1. 教：善于教

首先，重视平日里的言传身教。言传不是给孩子讲一堆大道理，这样孩子基本上是听不进去的，也不是你告诉他要感恩，他就会感恩的，可以借助很多有趣的传统故事，比如前面提到的子路百里负米、韩信一饭千金、闵子骞芦衣顺母等，利用生动形象的人物故事去自然地影响孩子。

而身教就是用自己的行动去影响孩子。曾经一个广告感动了无数人，小男孩看到妈妈在给自己的妈妈洗脚，于是出去了，妈妈回到房间一看孩子不见了，回头一看，小小的儿子端着满满一盆水，晃晃悠悠朝自己走来，用稚嫩的声音喊出："妈妈，洗脚。"这就是身教的力量，有时候根本不用你说什么，想要孩子成为什么样子，自己先活出来。

其次，可以利用好各种途径。比如，在母亲节、父亲节、生日等特殊节日里，向父母表达一份感恩，会很自然地将这种信号传递给自己的孩子，慢慢地他也会这么做。此外，在各种活动中出现的志愿者，父母也可以和孩子一起去讨论，讨论中表达自己对他们的感恩。

就像哲学家雅斯贝尔斯说的那样："真正的教育，是用一棵树去摇动另一棵树，用一朵云去推动另一朵云，用一个灵魂去唤醒另一个灵魂。"所以，父母的言传身教格外重要。

2. 用：舍得用

哈佛大学一项长达 20 年的研究表明：小时候参与家务越多的孩子，学习成绩越好，成年后的就业率也越高。可是，很多父母的做法恰恰相反，认为让孩子干活儿会耽误学习。所以，通常都不让孩子参与家务，甚至孩子自己的事儿也揽过来不让他做，总之孩子管好学习就行。结果孩子就会认为除了学习别的都与我无关，是你们应该做的，只要心里出现"应该"这个词，那就没有感恩可言了。

一个人真正的价值在于他能为别人以及社会提供价值。当一个孩子能够被父母需要的时候，才能感受到自己体内蕴含的无限能量。当孩子有提供价值的机会和空间，他的价值感就会提升，而这将是他未来一生要追寻的东西。

这就需要父母舍得用孩子，不要什么都包办代替，学会偶尔示弱，让孩子有一些表现的机会。自己的事情自己做，比如洗袜子、内衣裤等；家务事一起做，让孩子明白家务是每一个家庭成员的责任，而不仅是妈妈的义务。

作家毕淑敏说："天下的父母，如果你爱孩子，一定让他从力所能及的时候，开始爱你和周围的人。这绝非成人的自私，而是为孩子一世着想的远见。"

3. 夸：及时夸

心理学上有一个著名的罗森塔尔效应。心理学家罗森塔尔和雅各布森来到一所小学，随机选了 18 个班进行"未来发展趋势测验"，他们以赞许的口吻将一份"最有发展前途者"的名单交给了校长和相关老师，并叮嘱他们务必要保密，以免影响实验的正确性。其实，名单上的学生是随便挑选出来的。8个月后，他们发现凡是上了名单的学生，个个成绩有了较大的进步，且性格活泼开朗，自信心强，求知欲旺盛，更乐于和别人打交道。

所以，及时的正反馈可以有效强化孩子的良好行为。当孩子有感恩的相关行为时，父母要及时看到，并且表达自己的欣赏和肯定，这是孩子动力的源泉，将会使孩子持续不断地表现出更多感恩的行为。而现实中，当孩子有好的表现时，很多父母通常是简单地笑一笑而已，甚至根本不会有太多的关注，这时本来满怀期待得到父母认同的孩子就会很失望，慢慢地就会减少相关的行为。

另外，夸的时候还有一些细节需要注意。首先要真诚，要表现出发自内心的欣赏和赞美，避免流于形式。其次要具体，不能泛泛而谈，比如你真棒、你真好，而是要把孩子的具体行为描述出来。

4. 观：留心观

有句话是：观世界，才有世界观。当孩子多出去走一走、看一看的时候，走过的每一个脚步、看到的每一个场景，都会在他心里留下痕迹，形成他对世界新的认知。想要培养孩子的感恩心态，建议带孩子去以下四个地方看看。

第一，山区。在孩子抱怨爸爸的车没有同学家的好的时候，山区的孩子要走十几里路才能回家；当孩子吵着要几千块钱的名牌球鞋的时候，山区的孩子可能正穿着几十元的球鞋。

第二，儿童福利院。到了这里，孩子就会看到，并不是每一个人生来就是幸福的，有人出生以后就被父母遗弃，他们只能默默地成长，父母的爱或许只有在梦里才会出现。

第三，祖辈家。比如，经常带孩子去爷爷奶奶家，多帮老人做些家务，让孩子通过你的言行，学会对待父母以及世界的方式。

第四，你工作的地方。很多孩子不懂感恩是因为不知道父母的辛苦，创造机会让孩子了解你真实的状态，让他看到有人在为他负重前行。

5. 感：仪式感

要注意营造家庭里的仪式感，创造你们家特有的文化氛围。比如，我们在训练营会组织孩子向社会献爱心的活动。在充满爱和仪式感的活动中，感恩的种子已经悄然在孩子心里生根发芽。

在家庭里也有很多可以做的活动。比如，做一面感恩墙，可以用精美的剪纸做一棵感恩树，每天睡前，带孩子总结一天中发生的美好的事情，把生活、学习、工作中可以感恩的三个人或三件事写在便签上，当作树的叶子贴上去。

所以，感恩的氛围真的很有必要，通过这种仪式感的活动，可以让孩子意识到感恩的美好，同时也收获属于自己的幸福。

父母一定不能只在乎孩子的学习成绩，更要注重孩子感恩心态的培养，所有的成绩与成就，在感恩面前都显得微不足道！父母和孩子之间双向奔赴的爱，才是健康完整的存在。

沟通锦囊

　　遇到孩子自私自利、不懂感恩的情况，高效沟通 = 剔除三只"羔羊" + 五字箴言法。首先，要对自己的养育模式有一个清晰的重新认知，剔除教育行为当中造成孩子不感恩的三只"羔羊"。然后，利用五字箴言中的思想和方法，重新塑造孩子的感恩心态。

6.2 孩子说话不算数，怎样说培养言出必行的孩子

☀情景重现:

篮球场上，一个男孩坐在树荫下左顾右盼，好像在等什么人，时间一点一点过去，男孩实在有点着急了，于是用电话手表拨通了同学的号码，正好是同学妈妈接了起来，"阿姨，我们约了今天下午打篮球，他怎么还没来？是不是有什么事啊？"

妈妈一听，感觉非常抱歉，不好意思地说道："没什么事，我现在就叫他去找你哈。"挂了电话后，妈妈就冲到儿子房间说："你答应了人家打篮球，人家都到了，你怎么还在睡，快起来！"

睡眼蒙眬的儿子接过电话手表，拨通了同学的电话，"喂，今天不想打了，改天再约吧。"挂完电话又睡了过去。

篮球场上的男孩既失望又气愤，心里暗暗地说："以后再也不和他一起玩了！"然后，独自离开了篮球场。

6.2.1 每个时代都需要言出必行的孩子

一直以来，言出必行都是人类文明的传统美德，也是一个优

秀者必备的素质。谁都不喜欢和出尔反尔的人长期打交道。所以，当孩子出现说话不算话的情况时，家长都非常担忧，通常会将其归结为孩子不讲诚信、执行力差等。

的确，讲诚信、重承诺对一个人来说非常重要。子曰："人而无信，不知其可也。大车无輗，小车无軏，其何以行之哉？"如果一个人说话不算数、不讲诚信，是根本不行的，就像大车没有輗、小车没有軏一样，根本无法行走。

有一次，宋庆龄的父亲准备带全家去朋友家做客，就要出门时，年幼的宋庆龄停了下来说道："对不起，我不能和你们一起去了，因为我答应了好朋友小珍教她叠花篮。"母亲劝她可以第二天再向小珍道歉，可是宋庆龄坚持独自在家等好朋友，等父母从好友家回来后问道："小珍今天来了吗？"宋庆龄回答："没有，但我说到做到了，我守住了诺言。"

伏尔泰也说："人生来是为行动的，就像火总向上腾，石头总是下落。对人来说，一无行动，也就等于他并不存在。"所以，很多时候判断一个人，并不是看他说得多漂亮，而是看他做得多精彩。如果养成了说到做不到的习惯，也会影响自己在别人心中的评价。

当孩子出现说话不算数的现象时，家长要引起重视，弄清楚具体原因，然后用正确的方法，引导孩子成为一诺千金、积极行动的人。

6.2.2　导致孩子说话不算话的"三非"效应

1. 非自学：父母行为的长期影响

有调查显示，超过 95% 的孩子认为父母经常说话不算数。网络上也有一个热门的话题：你认为父母对你伤害最大的事情是什么？最高赞的回答是：小时候答应过我很多愿望，有的假装忘了，有的一直拖着。

生活中确实有很多父母，总是要求孩子说话算数，而自己却根本做不到。比如，"你好好写作业，等到周末爸爸就带你去动物园玩"，结果到周末却忙别的事去了；当孩子撒谎时，"你跟爸爸说真话，我保证不打你"，结果孩子说了真话之后，却开始了"男女混合双打"；答应给孩子买玩具，但因为工作忙忘了，回来之后只能不断告诉孩子，下次一定，结果就是永远的下一次……

家长们这些说到做不到的情况，就是对孩子说话不算数最好的反面教育呀！子曰："其身正，不令而行；其身不正，虽令不从。"就是告诉家长，想要孩子做到什么，自己得先做到，自己做到之后根本不用命令孩子，孩子也会做到。但如果家长自己做不到，即便要求孩子，孩子也不愿意去做。

作为大人，家长们总觉得自己有正当的理由，孩子应该理解，但不管是什么样的理由，都是自己做不到的借口。当家长这样做的时候，其实就是在用行动告诉孩子，可以不用为自己说的话负责任，到时候找一个理由就可以了。而这样做的后果，就是让孩子失去了对家长的信任，更是让孩子对约定、承诺失去了敬畏心，从而养成说话不算数的坏习惯。

2. 非自愿：为了达成某种目的

一个人能坚持并做好一件事情，一定是基于内在动力，绝非迫于外在的压力。但很多时候，孩子做出承诺并非自愿，而是因为，在孩子看来，随口一个承诺，是达到某个目的最便捷有效的方式。

比如，孩子为了能出去玩，信誓旦旦地保证 3 点就回来，结果 6 点多才回来；为了哄你开心，孩子底气十足地说下一次考试一定考 100 分，结果依然考不好；为了当下不挨打，孩子客客气气地保证以后让着妹妹，可是还是会和妹妹发生矛盾。

孩子为了平息眼前的风波，即便自己心里一百个不愿意，也会先把事情答应下来，先过了眼前这一关再说，至于以后，那是以后的事儿。所以，嘴上敷衍，内心对抗，行动停滞，就出现了说到做不到的现象。

3. 非自主：生理方面的客观因素

大脑有一部分叫做额叶，它的作用是使活动服从于坚定意图和动机，也就是我们常说的意志力、自控力等。额叶的发展一直持续到青春期，对于年龄较小的孩子来说，额叶尚未成熟，所以，注意力维持时间较短，容易分心走神，自控力的水平相对较低，可能刚刚答应了你一件事，接着就被其他事情吸引了，造成了我们讲的"说到做不到"的情形。

心理学中有个名词叫元认知，是心理学家 J.H. 弗拉维尔提出的概念，就是对认知的认知。例如，学生在学习中，一方面进行着各种认知活动（感知、记忆、思维等），另一方面又要对自己的各种认知活动进行积极的监控和调节。这种对自己的感知、记忆、思维等认知活动本身的再感知、再记忆、再思维就被称为元认知。

孩子比较小的时候，由于元认知不足，很难对自我认识和任务难度做出准确的评估，容易出现迷之自信，当真正去做的时候，才发现和自己想的完全不一样，困难重重举步维艰。当一个人尤其是孩子，遇到困难解决不了的时候，本能地就会想放弃。

6.2.3 孩子说话不算话，"四化"模型帮助他

1. 榜样化

托尔斯泰曾说过："全部教育，或者说千分之九百九十九的教育都归结在榜样上。"很多人都说，自己是被骗大的，父母说好了带自己去游乐场，又说工作忙没时间；说好了考试有进步奖励一辆自行车，后面又说要啥自行车。这一方面会让孩子一直处于失望中，另一方面也教会了孩子说话不算数。

关于言出必行，古人曾子真的值得后人学习。有一次，曾子的妻子要到集市去，她的儿子一边跟着她一边哭，于是她对儿子说："你回去，等我回家后为你杀一头猪。"当妻子从集市回来后，曾子就要抓住一头猪把它杀了，妻子制止他说："刚才只不过是跟小孩子闹着玩儿罢了。"曾子说："小孩子是不能和他闹着玩儿的。小孩子不懂事，是要靠父母教而逐步学习的，并听从父母的教诲。如今你欺骗他，是教他学会欺骗。母亲欺骗儿子，做儿子的就不会相信自己的母亲，这不是教育孩子的办法。"于是，曾子与妻

子决定马上杀猪炖肉。

父母是孩子最好的榜样，父母的一言一行，都会成为孩子的范本。因此，家长在对孩子做承诺时也要慎重，做不到的事情不要随意说出口，说出口的事情就要努力做到。那假如说，有一些事情，承诺了但最后做不到，又应该怎么办呢？

（1）真诚地向孩子道歉。当出现承诺了的事情做不到的时候，首先真诚地向孩子道歉，在道歉的过程中不要找理由。

（2）理解孩子的感受。在道歉的过程中，理解孩子的感受，从情绪上安抚孩子，再解释自己做不到的原因。

（3）制定补偿措施。不管能不能争取到孩子的理解，都需要制定补偿措施，提供更好的解决方案。这也是在教给孩子，出现意料之外的情况时，要为自己的行为负责任，并且制定更好的解决方案。

2. 心理化

无论孩子做得怎样，来自父母正向的心理暗示，都会带给孩子更大的动力。因为孩子的自我价值基于两部分，一部分是内部评价体系，另一部分是外部评价体系。当孩子小的时候，内部评价体系不够成熟，此时孩子对自己的认知更多地依靠于外部评价体系，尤其是作为重要他人的父母。

当孩子说了而没有做到时，不要第一时间去批评孩子。如果父母经常给予孩子负面的暗示，孩子最终就会认为自己不行，更做不到。这时候，你温柔的陪伴、坚定的信任才是孩子坚持下去的力量。

当孩子说到做到的时候，也要给孩子一份及时的看见、欣赏和肯定。人都希望自己的努力被看见，这会给予他们强大的动力从而做得更好。所以，当孩子做到的时候，要毫不吝啬地给孩子正向的心理暗示："我就知道你是一个言出必行的孩子，我相信你能做得更好。"

3. 合理化

《老子》中有这样一句话："夫轻诺必寡信，多易必多难。"那些轻易许下的诺言，必定很少能够兑现；把事情看得太容易，势必遭受很多困难。

合理的目标对孩子很重要，目标过低，对孩子的成长没有太大帮助，还会导致孩子陷入"天选之人"的假象；但目标过高，孩子经常完不成，就会让孩子产生自我怀疑，严重损伤自我价值。

当孩子因为出于某种目的或者对任务理解能力不足，而做出过度承诺设定过高的目标时，家长一定要帮助孩子重新分析任务的难度，帮助孩子看到在实施的过程中可能会遇到的一些困难和问题，最后协助孩子制定出符合自己能力的、可达到的目标。

同时，也要让孩子意识到，他的每一句话都无比重要，都是有分量的，不要轻易许诺，要能够敬畏自己说的话，也让身边每一个人能够信任自己说的话。

4. 规则化

我们要把权利和责任一起交给孩子，而不仅仅是前者。我们坚决捍卫孩子说话的权利，但也要让孩子为自己说的话负责。如何负责？这就需要我们提前制定好规则，就是提前约定好如果没有做到应该怎么办，让孩子清楚如果做不到将要承担的后果。

当然，规则的制定者不仅仅是父母，应该邀请孩子一起进行规则的制定。只有亲自参与规则的制定，执行起来意愿才会更强，进展才会更顺利。同时，规则不应该只约束孩子，也要有对父母的规定，家长和孩子一起按照规则办事，彼此互相监督。

有人说，制定了规则也没用，孩子就是不做，那你应该是差了最后一步——承担后果。制定规则、清楚后果、承担后果缺一不可。但很多人在最后一步给孩子"放水"了，孩子一撒娇、发脾气，家长就妥协了，孩子拿捏了家长的弱点，规则自然就失效了。

执行的过程中一定要温柔而坚定，语气温柔、态度坚定，孩子认识到了家长的坚定与认真，就会遵守规则，说到做到。

🎒 沟通锦囊

当遇到孩子答应爽快，就是不做，说话不算话的情况时，高效沟通 = 三非效应 + 四化模型。首先，搞清楚导致孩子说话不算话的原因，弄清楚自己的孩子属于哪一种或哪几种情况。然后，利用四化模型，帮助孩子做到言出必行。

6.3 孩子说话不好听，怎样说培养尊重父母的孩子

☀情景重现

周末，女儿约了两个朋友来家里玩儿，妈妈见孩子的同学来了，非常客气地表示欢迎，说："你们有什么需要，和阿姨说就行。"

女儿一边拉着朋友往自己房间走，一边说："不用管她，我妈啰嗦得要死，走，咱自己玩儿去。"听到女儿这么说，妈妈感到很没面子。

过了许久，妈妈有事要出门，想着和孩子们说一声，也让她们照顾好自己，没想到刚推开房门，女儿就冲她喊："你烦不烦人，又有什么事儿啊，快出去！"

妈妈听到这句话都懵了，逃也似地跑出了家门，泪水再也止不住，伤心地边走边哭。

6.3.1 小孩子说话不好听真的没关系吗

有的孩子会对父母呼来喝去，有的孩子会对父母出言不逊，有的孩子会对父母百般羞辱，甚至有的孩子还会对父母大打出手，

这些父母在孩子面前，可以说是越活越卑微。

有个机构曾做过一项关于"你最尊敬的人物"的调查。数据显示，在孩子的心里，父亲被排在了第 10 名，母亲被排在了第 11 名。很多父母认为自己做得很好，可在孩子心里并非如此。

有位家长说，自己想让孩子帮忙算个数，孩子却回怼："你自己不会算啊，没脑子吗？"吓得她赶紧不再作声；有一个孩子在茶馆打碎了杯子需要赔偿，妈妈随口批评了两句，结果一边骂骂咧咧一边掐住了妈妈的脖子；一个男孩带几个同学来自己家里玩，到了晚上 11 点多，男孩父亲善意提醒早点结束，别让同学的家长担心，结果男孩冲出来就对父亲进行辱骂。

其实，从一个人的谈吐就可以了解他的人品和教养。如果孩子连自己的父母都不尊重，他又能对别人好到哪里去呢？

孟子云："爱人者，人恒爱之；敬人者，人恒敬之。"如果一个孩子在未来的人际交往中，连最起码的尊重都做不到，谁又会愿意和他相处呢？正所谓"良言一句三冬暖，恶语伤人六月寒"，一个说话不好听、没有口德之人，不可能交到知心朋友。缺乏敬畏心，没有界限，不懂尊重的孩子，必定会在自己的人生道路上屡屡碰壁、遍体鳞伤。

6.3.2 "逆子"形成的三大诱因

1. 过分的宠爱

张爱玲有句经典名言："喜欢一个人，会卑微到尘埃里。"很多父母在亲子关系中，把这句话演绎得淋漓尽致。正是因为太爱了，所以孩子提什么要求都尽力满足，不管孩子怎么对自己都觉得没关系，即使受点委屈也愿意；也有人认为孩子小，那些难听的话只是童言无忌，长大了就好了……

如果把纵容误认为是"静待花开"，那才真的是对孩子最大的伤害。每一个孩子在婴儿期都有一种"全能自恋"，认为自己无所不能，只要自己一动念头，和自己完全浑然一体的世界就会按照自己的意愿来运转。可这并不是真实的，父母不应该用自己的溺爱为孩子维持这种假象，而是应该帮助孩子去打破假象，回到真实的世界中来。

2. 消极的影响

当家长们抱怨孩子说话不好听的时候，很少有人会关注自己的生活习惯。比如，很多夫妻经常当着孩子的面吵架，而且我们都知道，在吵架的时候，污言秽语满天飞，没有最难听只有更难听；还有很多家长，在谈起孩子的爷爷奶奶、姥姥姥爷的时候，经常会表现出不满等，即使在一起的时候也没有几分尊重。

孩子的很多行为，根源其实在父母。所谓上行下效，父母怎么做，孩子就会无意识地被影响，慢慢地也会形成这样的习惯。如果作为家长自己都做不好，再怎么要求孩子，孩子也不会信服。

另外，很多家长的教育方式过于简单粗暴，对待孩子也没有尊重，"你这样子，能有什么出息""这么简单都做不好，简直笨死了""一边去，没看我忙着呢"。要知道尊重是相互的，如果你不尊重孩子作为一个独立个体的存在，随着他慢慢长大，会一点点地全部还到你身上。

"知人不必言尽，言尽则无友；责人不必苛尽，苛尽则众远"，从自己做起，给孩子树立一个良好的榜样吧！

3. 不正的序位

曾经有一则新闻引起了广泛关注，一个男孩不想上学，十分惬意地靠在椅子上玩着手机，站在旁边的妈妈苦心劝说，男孩却无动于衷，根本不理会，最后妈妈无奈地问："到底要怎样你才肯去上学？"男孩竟然说："你给我跪下，我就去上学。"最震惊的是，这个妈妈竟真的当场给儿子下跪。可儿子非但没有去上学，还拍下母亲下跪的样子，发朋友圈"炫耀"。

在一个家庭当中，依照长幼顺序每个人都有自己的位置，这叫序位。比如，一个三口之家，就是一个倒三角的关系，夫妻平等地在上面，孩子在下面。但是，很多父母搞反了，把孩子放在了上面，自己跑到了下面的位置，放弃了作为父母的权利。

作家莱蒙特说："世界上的一切都必须按照一定的规矩秩序各就各位。"当一个家庭的序位乱了，父母不像父母，孩子不像孩子，家庭就失去了它应该有的模样。

6.3.3 四剂良药培养懂尊重的孩子

1. 制定规矩

作家刘墉曾说："你不舍得给孩子立规矩，就会有人给孩子长教训。"如果在孩子小的时候，父母没有给孩子立规矩，孩子就没有正确的是非观，行为上也会没有界限感，在未来是要付出更大的成本和代价的。有些人会说孩子只是性格活泼，可是要知道有规矩的活泼才叫活泼，没规矩的活泼那叫放肆。

在教育孩子方面，爱和规则一个都不能少。少了爱，孩子就没有归属感；少了规则，孩子就没有是非观。在训练营里，我们经常会和孩子讲关于自由的话题，很多孩子都认为自由就是为所欲为，没有人管束。可试想一下，如果马路上没有了红灯，就会堵成停车场，还会引起很多交通事故；如果没有了法律法规，犯罪就没了成本，社会治安就会堪忧……

所以，真正的自由，不是为所欲为，而是有所为有所不为；真正的自由不是漫无边际，而是在方寸之间，随心所欲后面还有三个字叫做"不逾矩"。家长一定要给孩子立规矩，教孩子守规矩。

2. 以身作则

想要孩子尊重自己，家长也要注意自己平时的一言一行，自己首先要做一个说话好听、懂得尊重别人的人。比如，遇到长辈主动打招呼；不直呼长辈姓名，而是使用尊称和敬语；和老人一起吃饭时，有好吃的不是先夹给孩子，而是先夹给老人……用自己的正向行为去影响孩子。

另外，人一般是在不良情绪中时容易说不好听的话。所以，家长在和孩子的相处过程中，一定要注意尽量减少被情绪控制的情况。比如，自己在单位被领导批评了，心情很不爽，结果一进门看到孩子在沙发上蹦蹦跳跳，不能就此把气撒在孩子身上并臭骂一顿。

3. 自我成长

人会同情弱者，但只会跟随强者，孩子更愿意尊重让自己佩服的人。其实，每个孩子在小的时候，都会觉得自己的父母最厉害，甚至有的孩子会为了证明自己的爸爸更厉害，与其他小朋友争得面红耳赤。

可是随着孩子长大，他会发现其实并不是这样，原来自己的父母也是普通人，甚至还不如普通人，天天玩游戏，也不爱学习。别人的妈妈会跳舞，自己的妈妈不会；别人的妈妈家长会上能演讲，自己的妈妈不敢；别人的妈妈问什么懂什么，自己的妈妈一问三不知……

而这些妈妈还总是以"我吃过的盐比你走过的路都多"来要求孩子，孩子自然不会服气。随着孩子能力和见识的不断提升，会越来越质疑父母，甚至开始挑战和对抗。此时，父母要做的不是控制孩子，而是通过学习不断提升自己，最好做出一些成就。比如，在孩子家长会上，作为代表分享等。

有人说，与其去追一匹狂奔的野马，倒不如专心去种草，待春暖花开，它自然会来到你身边。当父母自己成长了，成为一个灵活、喜悦、有智慧的生命，孩子就会被你吸引，也自然会对你敬重有加。

4. 先父后友

当下有一种非常流行的教育理念，叫做和孩子交朋友。当然，这是走进孩子内心非常好的一种方式，但很多人只看到了后半段，而没有看到它的前提——成为父母。一定是先成为父母，后成为朋友，就像良师益友一样，良师在先益友在后，可以和孩子玩得很好，但孩子绝对不可以不尊重父母。

儿童教育专家马克·雷诺通过研究指出：幼儿教育有两个至关重要的因素，其中之一是树立家长的权威，善于向孩子的"任性"说"不"。这种权威要在和孩子相处的点点滴滴中不断塑造，同时要维护好，不允许随意践踏。

家长一定要把"先是父母，后是朋友"的理念根植于心。如果把孩子比作一匹骏马，朋友的身份就相当于一片草原，可以任其驰骋；而父母的身份则相当于一根缰绳，当行至悬崖，可以及时勒马。

周国平曾说："对亲近的人挑剔是本能，但克服本能，做到对亲近的人不挑剔是种教养。"愿我们的孩子，都能拥有这种教养，做一个好好说话、尊重父母的人。

🎒沟通锦囊

当孩子说话不好听，不懂得尊重父母时，高效沟通 = 了解三大诱因 + 配齐四剂良药。首先，要了解孩子之所以说话不好听、不懂尊重的三大原因，对号入座后及时调整。同时，运用提供给大家的四种方法，培养尊重父母的好孩子。

后记

　　如果你已经读到了这里，我必须要给你点一个大大的赞，因为这代表着你是一个学习力非常强的人，你有非常强的成长意愿，而你的成长是送给孩子最好的礼物。

　　同时，有一句话想要送给你——**有用有用，无用无用**。意思就是，去运用才会有作用，不去运用就没有作用。威廉·赫兹里特说："伟大的思想只有付诸行动才能成为壮举。"这个世界上最远的距离就是从知道到做到。希望你一定用心实践和运用，让知识转化为你的能力，然后再变为孩子成长的助力。

　　可能你现在正被孩子的问题所困扰，为此感到非常痛苦甚至绝望。我想告诉你的是，无论此刻你正在经受何种困境，都不要放弃希望，要始终保有心中的那道光，等待拥抱最美的彩虹，而我也会一直在你身边！

　　最后，感恩每一个走进我生命的孩子和家长，人生最美好的事情莫过于不断见证生命的成长。看到每一个生命因我的努力而绽放，我的喜悦溢于言表，内心也充满了感动。未来的人生路上，让我们继续携手同行！